325 délicieuses recettes pour barbecue et micro-ondes

Compagnie de la Baie d'Hudson
1670 1995

D1352085

la Baie

ALPHA PUBLISHING™
DIVISION DE ALPHA CORPORATION

325 *délicieuses recettes pour*
barbecue et micro-ondes
publié par Alpha-Publishing^{MD}

Les recettes présentées dans cet ouvrage
sont extraites de deux livres:
Better Homes and Gardens®
All-Time Favorite Barbecue Recipes
et *Richard Deacon's Microwave Cookery.*

Better Homes and Gardens®
All-Time Favorite Barbecue Recipes
Publié par *Bantam Books* avec l'autorisation de *Meredith Corporation.*
Copyright © 1995, 1992 *Meredith Corporation*, 1716 Locust Street,
Des Moines, Iowa, É.-U. 50336.

Richard Deacon's Microwave Cookery
Publié par *Bantam Books* avec l'autorisation de
H.P. Books, une division de *Putnam Berkley Group, Inc.*
Copyright © 1995, 1977.
Berkley Publishing Group, 200 Madison Avenue,
New York, NY 10016.

Traduction française : Jean-Robert Saucyer

Afin d'obtenir plus de renseignements concernant
cette édition spéciale, veuillez communiquer avec
Alpha-Publishing^{MD}, 151 rue Bloor Ouest, bureau n° 890,
Toronto (Ontario) Canada M5S 1S4.

Cette édition spéciale est distribuée exclusivement
par la Compagnie de la baie d'Hudson afin de souligner le 325^e
anniversaire de sa fondation.

ISBN 1-896391-01-X

TABLE DES MATIÈRES

CUISINER AU
BARBECUE

LA CUISSON AU CHARBON DE BOIS

Type d'aliment	Coupe ou portion (10 cm au-dessus du feu)	Poids ou épaisseur	Température de cuisson*
Boeuf	hamburgers	1 cm	moyennement chaud à moyen
		2 cm	moyennement chaud à moyen
	chateaubriand, steak T-bone ou surlonge	2,5 cm	moyennement chaud
		4 cm	moyennement chaud à moyen
	côtelettes	2,5 cm	moyen
		6,5 cm	moyen
Agneau	tranche d'épaule	2,5 cm	moyen
		4 cm	moyen
	côtes premières	2,5 cm	moyen
		4 cm	moyen
Porc	tranche de palette	2,5 cm	moyen
		4 cm	moyen
	côtelettes dans l'échine ou côtes levées	2 cm	moyen
		2,5 kg - 3 kg	moyen
Jambon	tranche déjà cuite	1 cm	moyennement chaud
		2,5 cm	moyen
	en conserve	2,5 kg	moyen
Poulet	demi-poulet à frire	1 kg - 1,5 kg	moyennement chaud
	poulet à rôtir, sans farce	1,5 kg - 2 kg	moyen
Dinde	sans farce	3 kg - 4 kg	moyen
		6 kg - 8 kg	moyen
Poisson	darnes de saumon ou de flétan	2 cm	moyen
		2,5 cm - 4 cm	moyennement chaud
	filets de truite, de vivaneau ou de poisson maigre	250 g chacun	moyennement chaud moyen
Fruits de mer	crevettes (grosses)	1 kg	chaud

* Pour jauger la chaleur des briquettes, il suffit de tenir la paume de la main à environ 10 cm des morceaux de charbon et de compter les secondes pendant lesquelles il est possible de maintenir la main au-dessus des braises. Après 2 secondes, les braises sont chaudes; après 3 secondes elles sont moyennement chaudes, après 4 secondes on parle d'un feu moyen, et après 5 ou 6 secondes la cuisson sera plus lente.

Guide de cuisson de vos aliments préférés

Temps de cuisson approximatif				Commentaires
gril à découvert		gril couvert		
bleu	à point	bleu	à point	
8–10 min	10–12 min	7–9 min	8–10 min	4 hamburgers pour ½ kg
10–12 min	12–15 min	8–10 min	10–12 min	
10–12 min	12–15 min	8–10 min	10–12 min	3 hamburgers pour ½ kg
12–15 min	14–18 min	10–12 min	12–15 min	
12–18 min	15–20 min	8–10 min	10–15 min	vérifier la cuisson en pratiquant une incision près de l'os
18–20 min	20–25 min	10–15 min	15–18 min	
20–25 min	25–30 min	15–18 min	18–22 min	
12–18 min	15–20 min	8–10 min	12–18 min	
50–60 min	55–65 min	45–55 min	50–60 min	couvrir de papier alu si le gril est découvert
	20–25 min		20–25 min	vérifier la cuisson en pratiquant une incision près de l'os
25–30 min	28–32 min	20–25 min	23–28 min	
	22–28 min		18–22 min	
28–32 min	30–35 min	20–25 min	25–30 min	
	bien cuit		bien cuit	
	22–25 min		18–22 min	un panier de broche facilite le retournement
	30–35 min		25–30 min	
	15–20 min		15–20 min	
			1¼–1½ h	
	10–15 min		10–15 min	découper le gras bordant la tranche de jambon
	25–35 min		20–30 min	
	1½–1¾ h		1¼–1¾ h	couvrir de papier alu si le gril est découvert
	45–50 min		40–45 min	
			2–2½ h	
			3–3¾ h	le thermomètre à viande inséré dans la cuisse doit indiquer 85° C
			3½–4½ h	
	17–22 min		15–20 min	employer un panier de broche
	10–17 min		10–15 min	
	10–17 min		10–15 min	employer un panier de broche
	17–20 min		15–17 min	
	15–18 min		15–18 min	

RÔTISSERIE

Type d'aliment	Coupe	Poids	Température de cuisson*
Boeuf	rôti de côtes roulé	2,5 kg - 3 kg	moyen
	rôti de filet	1 kg	moyennement chaud
	noix de ronde	1,5 kg - 2 kg	moyennement chaud
	rôti de croupe désossé	1,5 kg - 2 kg	cuisson lente
Agneau	jarret	2,5 kg - 3,5 kg	moyen
Porc	rôti d'aloyau désossé	4,5 kg - 5 kg	moyen
	côtes premières ou côtes levées	2,5 kg	cuisson lente
Jambon	jambon désossé	1 kg - 1,5 kg	moyen
	en conserve	500 g - 750 g ch.	moyen
Poulet	entier	2 kg - 3 kg	moyennement chaud moyen
Coquelet de Cornouailles	4 coquelets	3 kg - 4 kg	moyennement chaud
Canard	entier, d'élevage	840 g	moyennement chaud
Dinde	sans farce	2,5 kg - 3 kg	moyen
	2 rôtis roulés		moyennement chaud
	rôti désossé		moyennement chaud

CUISSON PAR FUMAGE

Type d'aliment	Coupe ou portion	Taille ou poids
Porc	rôti d'aloyau désossé	2 kg - 2,5 kg
	6 à 8 côtes premières	4 cm d'épaisseur (500 g ch.)
	côtes premières ou côtes levées	2 kg - 2,5 kg
Dinde	volaille surgelée prête à cuire, entièrement dégelée	6 kg - 7,5 kg
Poisson	saumon (en filet ou vivaneau)	1,5 kg - 2 kg

* Pour jauger la chaleur des briquettes, il suffit de tenir la paume de la main à environ 10 cm des morceaux de charbon et de compter les secondes pendant lesquelles il est possible de maintenir la main au-dessus des braises. Après 2 secondes, les braises sont chaudes; après 3 secondes elles sont moyennement chaudes, après 4 secondes on parle d'un feu moyen, et après 5 ou 6 secondes la cuisson sera plus lente.

4

Guide de cuisson des viandes et volailles sur la broche

Durée approximative du rôtissage			Commentaires
	Gril couvert		
bleu	à point	bien cuit	
2–2½ h 40–45 min 1¼–1½ h	2½–3 h 45–50 min 1½–2 h 1¼–1¾ h	1½–2 h	la viande doit être roulée et ficelée
1 h	1½–2 h	1¾–2¼ h	faire couper le jarret la pièce de viande doit être embrochée à la diagonale
		4–4½ h 1–1¼ h	la viande doit être roulée et ficelée embrocher en accordéon
		2–2¼ h 1¼–1½ h	ficeler solidement après avoir embroché
		1½–1¾ h 1½–2 h	
		1½–1¾ h	
		1½–1¾ h	l'emploi d'une lèchefrite est essentiel
		3¼–4½ h 1¾–2¼ h 2½–3½ h	enfoncer profondément la broche dans la volaille acheter une volaille surgelée; la laisser dégeler complètement

Durée de cuisson approximative avec un fumoir portatif**

Durée de fumage	Cuisson	Commentaires
4 - 5 h	bien cuit	le thermomètre à viande doit indiquer 77° C
2 - 2h30	bien cuit	pratiquer une incision près de l'os pour vérifier le degré de cuisson
4 - 5 h	bien cuit	
8 - 9 h	85° C (temp. interne)	vérifier la température sur le thermomètre à viande inséré dans la cuisse
2 - 3 h	bien cuit	la chair du poisson se défait lorsqu'on y passe une fourchette

** Lisez les directives du fabricant concernant la disposition des morceaux de charbon de bois, des copeaux de hickory et du récipient contenant l'eau.

CUISINER
AU BARBECUE

Les recettes réunies dans ce livre vous permettront de réussir à tout coup les repas que vous cuisinerez sur le gril. Nous avons assemblé un recueil des meilleurs mets que permet ce mode de cuisson. Goûtez ces steaks grésillants, ces côtes levées, ces légumes et ce pain grillés, de même que ces savoureux desserts! Vous serez intéressés par la section consacrée à l'utilisation des modèles de barbecues miniatures, au fonctionnement des divers types de gril, à la manière de faire un feu de briquettes et au contrôle de la chaleur. Que vous soyez un cuisinier émérite ou un chef du dimanche, vous réussirez à tout coup les recettes de ce recueil qui ne laissent aucune place à l'improvisation.

PLATS PRINCIPAUX

Si vos sens sont titillés par le fumet des steaks, hamburgers, saucisses de Francfort ou autres viandes cuites sur le gril, vous saliverez à la lecture des recettes suivantes. En plus des recettes de vos plats préférés, vous en découvrirez de nouvelles, pour apprêter les mini-côtelettes de boeuf, le filet de porc, les coquelets de Cornouailles, la darne de saumon et plusieurs autres. Mettez à l'épreuve vos talents culinaires et essayez-vous à la cuisson sur le gril, le rôtissage à la broche, la préparation de brochettes ou la fumaison.

Boeuf

TOURNEDOS BARDÉS DE BACON

  1 flanchet de boeuf d'environ 500 g à 750 g
    produit instantané pour attendrir la viande,
      non épicé
 10 tranches de bacon
  1 cuillerée à thé de sel d'ail
  ½ cuillerée à thé de poivre frais moulu
  2 cuillerées à soupe de persil haché
  1 sachet de préparation de sauce hollandaise
    (55 g)
  ¼ cuillerée à thé de poudre d'estragon

Attendrir le flanchet de boeuf jusqu'à ce qu'il ait un peu plus de ½ cm d'épaisseur. Saupoudrer la poudre instantanée selon les directives paraissant sur l'emballage. Pendant ce temps, mettre à frire le bacon jusqu'à ce qu'il soit cuit sans être croustillant.

Saupoudrer le flanchet de sel d'ail et de poivre. Pratiquer sur le steak des incisions obliques de façon à tracer des losanges. Disposer les tranches de bacon dans le sens de la longueur du steak. Saupoudrer de persil. Rouler le steak sur lui-même à partir de l'extrémité la plus étroite. Fixer à l'aide de cure-dents en bois aux 2,5 cm. Trancher en petits rouleaux de 2,5 cm à l'aide d'un couteau dentelé.

Faire griller à feu moyen pendant 8 minutes, puis tourner. Laisser griller pendant 7 autres minutes pour que la viande soit bleue. Pendant ce temps, verser le sachet de préparation de sauce hollandaise dans une saucière et mélanger selon les directives paraissant sur l'emballage, en y ajoutant la poudre d'estragon. Enlever les cure-dents des rouleaux de boeuf et les servir nappés de sauce hollandaise. Donne 4 portions.

ROULEAUX AU BOEUF ET AUX LÉGUMES

1	oeuf fouetté
750	g de boeuf haché
100	mL de carotte râpée
50	mL d'oignon haché fin
50	mL de poivron vert haché fin
50	mL de céleri haché fin
½	cuillerée à thé de sel
	soupçon de poivre
12	tranches de bacon
100	mL de vinaigrette à l'italienne

Lier l'oeuf et le boeuf haché; bien mélanger. Répartir la préparation en 6 parts. Sur une feuille de papier ciré, aplatir chaque part en en façonnant un rectangle de 10 cm par 15 cm. Mélanger la carotte, l'oignon, le poivron vert, le céleri, le sel et le poivre. Répartir la préparation aux légumes en 6 parts. Recouvrir chacun des rectangles de boeuf d'une part de préparation aux légumes. Rouler sur lui-même chacun des rectangles. Enrouler 2 tranches de bacon autour de chaque rouleau de boeuf et y piquer des cure-dents en bois.

Disposer les rouleaux dans une lèchefrite peu profonde. Napper de vinaigrette et laisser mariner à température ambiante pendant 1 heure environ, en les retournant de temps en temps pour qu'ils soient imprégnés. Retirer les rouleaux de boeuf de la marinade en la réservant. Mettre à griller les rouleaux à feu moyen pendant 20 à 25 minutes en les tournant et en les badigeonnant de vinaigrette de temps en temps. Retirer les cure-dents avant de servir. Donne 6 portions.

BOULETTES AU POIVRE AU CITRON

  2 steaks de flanchet de 500 g chacun
100 mL de bourgogne
 50 mL d'huile
 50 mL de sauce soya
  1 cuillerée à soupe de poivre au citron
  1 cuillerée à soupe de sauce Worcestershire
     quelques gouttes de sauce au piment
  8 tomates-cerises ou 8 chapeaux de
     champignons

Attendrir le steak et en façonner un rectangle de 25,5 cm par 20 cm. Découper chacun des rectangles en bandes de 5 cm.

Dans un bol, mélanger le bourgogne, l'huile, la sauce soya, le poivre au citron, la sauce Worcestershire et la sauce au piment. Mettre les bandes de steak dans un sac en plastique posé dans un bol profond; y verser la marinade au bourgogne et refermer le sac. Laisser mariner pendant 4 à 6 heures ou pendant la nuit au réfrigérateur en prenant soin de retourner le sac à 2 reprises.

Faire égoutter la viande; réserver la marinade. Enrouler les bandes de viande autour d'une tomate-cerise ou d'un chapeau de champignon, à partir du côté le plus étroit. Fixer solidement à l'aide de cure-dents en bois.

Mettre les boulettes à griller à feu moyen pendant 15 minutes. Retourner et laisser griller pendant 10 autres minutes pour que la viande soit bleue. Badigeonner souvent de marinade. Retirer les cure-dents. Donne 8 portions.

STEAK FUMÉ AU POIVRE

      copeaux de hickory
  2 cuillerées à soupe de grains de poivre
         concassés
  1 steak d'un kg dans la surlonge, de 4 cm
         d'épaisseur
 50 mL de beurre ou de margarine
  2 cuillerées à soupe de jus de citron
  1 cuillerée à thé de sauce Worcestershire
  ½ cuillerée à thé de poudre d'ail
  ¼ cuillerée à thé de sel

Environ une heure avant d'allumer le gril, mettre à tremper les copeaux de hickory dans suffisamment d'eau pour les couvrir, puis les mettre à égoutter.

Appliquer les grains de poivre concassés des 2 côtés du steak à l'aide de la paume de la main ou de la lame d'un couperet.

Faire fondre le beurre dans une casserole posée sur le feu; incorporer le jus de citron, la sauce Worcestershire, la poudre d'ail et le sel. Retirer du feu.

Répandre les copeaux de hickory trempés sur les morceaux de charbon moyennement chauds; poser le steak sur le gril et abaisser le couvercle. Laisser griller le steak pendant 17 à 20 minutes en le badigeonnant de temps en temps de sauce au citron. Tourner le steak; laisser griller en couvrant pendant 15 autres minutes si l'on aime la viande bleue ou rosée. Faire chauffer la sauce au citron. Trancher le steak, napper de sauce au citron. Donne 6 portions.

STEAK DE PALERON AU POIVRE

  1 steak de paleron de 1 à 1,5 kg,
         de 2,5 cm d'épaisseur
100 mL d'huile
100 mL de vin rouge sec

2 cuillerées à soupe de ketchup
2 cuillerées à soupe de mélasse
2 cuillerées à soupe de gingembre confit
    haché fin
1 gousse d'ail émincée
1 cuillerée à thé de sel
¼ cuillerée à thé de poivre

Pratiquer des entailles dans le gras bordant le steak en prenant soin de ne pas trancher la viande. Déposer le steak dans un plat peu profond allant au four. Lier l'huile, le vin, le ketchup, la mélasse, le gingembre confit, l'ail, le sel et le poivre. Verser sur le steak. Couvrir et laisser mariner pendant 3 heures à température ambiante ou 6 heures au réfrigérateur, en retournant le steak à plusieurs reprises.

    Mettre le steak à égoutter en réservant la marinade. Éponger l'excédent de liquide à l'aide d'un essuie-tout.

    Faire griller le steak à feu moyen pendant environ 20 minutes chaque côté si l'on veut qu'il soit bleu et environ 25 minutes chaque côté si on le veut à point. Badigeonner de marinade de temps en temps.

    Retirer du gril et disposer dans une assiette de service. Découper la viande en travers des fibres en bandes étroites. Donne 4 à 6 portions.

RÔTI DE PALERON MARINÉ AU CITRON

1 tranche de boeuf dans le paleron de 2 kg,
    de 4 cm d'épaisseur
1 cuillerée à thé de zeste de citron
100 mL de jus de citron
100 mL d'huile
2 cuillerées à soupe d'oignon vert émincé
4 cuillerées à thé de sucre
1½ cuillerée à thé de sel
1 cuillerée à thé de sauce Worcestershire
1 cuillerée à thé de moutarde préparée
    soupçon de poivre

Pratiquer des incisions sur le gras entourant la pièce de viande. Déposer dans un plat peu profond allant au four. Lier le zeste et le jus de citron, l'huile, l'oignon vert, le sucre, le sel, la sauce Worcestershire, la moutarde et le poivre. Verser sur la viande, couvrir et laisser mariner pendant 3 heures à température ambiante ou toute la nuit au réfrigérateur, en retournant la viande à plusieurs reprises.

Mettre à égoutter en réservant la marinade. Éponger l'excédent de liquide à l'aide d'un essuie-tout.

Faire griller à feu moyen pendant 17 à 20 minutes; retourner et laisser cuire pendant encore 17 à 20 minutes si on veut que la viande soit à point. Réchauffer la marinade dans un petit plat posé sur le gril.

Retirer la pièce de viande du gril et poser dans une assiette de service. Découper en travers des fibres en tranches minces. Donne 6 à 8 portions.

CHATEAUBRIAND À L'OIGNON

2	chateaubriands pesant entre 500 et 750 g, de 4 cm d'épaisseur ou 1 steak de surlonge d'un kg, de 4 cm d'épaisseur
100	mL d'oignon haché
1	grosse gousse d'ail émincée
1	cuillerée à soupe de beurre ou de margarine
	soupçon de sel de céleri
	soupçon de poivre
50	mL de vin rouge sec
2	cuillerées à soupe de sauce soya
250	mL de champignons en lamelles
2	cuillerées à soupe de beurre ou de margarine

Pratiquer des incisions dans le gras bordant le steak à tous les 2,5 cm en prenant soin de ne pas inciser la viande. Découper une ouverture de chaque côté de la pièce de viande en taillant presque jusqu'à l'os.

Dans un poêlon, faire revenir l'oignon et l'ail dans 1 cuillerée à soupe de beurre. Le saupoudrer de sel de céleri et de poivre. Farcir les ouvertures avec le mélange à l'oignon et refermer à l'aide de brochettes. Lier le vin et la sauce soya, puis en badigeonner la viande. Faire griller à feu moyennement chaud pendant 15 minutes; badigeonner souvent avec la sauce au vin. Retourner et laisser griller encore 10 ou 15 minutes pour que la viande soit bleue. Badigeonner souvent de sauce. Dans un petit poêlon, faire sauter les champignons en lamelles dans 2 cuillerées à soupe de beurre jusqu'à ce qu'ils soient tendres. Trancher la viande en travers de la fibre; égoutter les champignons et les disposer sur le steak. Donne 4 portions.

STEAK DE FLANCHET FARCI AU RIZ

       1 steak de flanchet de boeuf pesant entre
          500 et 600 g
      ½ cuillerée à thé de produit servant à
          attendrir la viande, non épicé
     50 mL d'oignon haché
     50 mL de céleri haché
       2 cuillerées à soupe de beurre ou de
          margarine
    100 mL d'eau
       1 cuillerée à soupe de poudre de cari
       1 cuillerée à thé de bouillon de boeuf
          instantané
     50 mL de riz à cuisson rapide

Pratiquer des incisions obliques sur les 2 côtés du flanchet et l'attendrir de manière à ce qu'il forme un rectangle de 23 cm par 28 cm. Les saupoudrer de produit servant à attendrir, de sel et de poivre.

Dans une casserole, faire revenir l'oignon et le céleri dans le beurre jusqu'à ce qu'ils soient tendres. Ajouter l'eau, la poudre de cari et le bouillon déshydraté; incorporer le riz. Amener au point d'ébullition et couvrir. Retirer la casserole du feu et laisser reposer pendant 5 minutes.

Étendre ce mélange sur le flanchet, rouler le steak sur lui-même à partir du côté le plus court. Ficeler le rouleau dans le sens de la longueur et en diagonale.

Insérer la broche à rôtir au centre du rouleau, dans le sens de la longueur. Régler les fourchons afin que la viande soit bien assujettie et s'assurer d'un bon équilibre. Disposer des morceaux de charbon moyennement chauds de chaque côté de la lèchefrite. Fixer la broche et placer la lèchefrite sous le rouleau de viande embroché. Actionner le moteur, abaisser le couvercle ou couvrir de papier alu. Faire rôtir au-dessus de braises moyennement chaudes pendant 50 minutes environ. Déficeler. Donne 4 portions.

CHATEAUBRIAND RÔTI À LA BROCHE

  1 filet de boeuf pesant 1 kg ou un peu plus
250 mL de fromage bleu émietté
  1 cuillerée à soupe de cognac

Découper le gras qui borde le filet. A l'aide d'un couteau à lame étroite, pratiquer une incision de biais, profonde de 5 cm, tout le long de la pièce de viande dans un angle de 45°. Pratiquer une autre incision semblable de l'autre côté.

Lier le fromage bleu et le cognac. Étendre ce mélange dans les incisions. Bien ficeler le rôti aux extrémités et en son centre.

Insérer une broche à rôtir au centre de la pièce de viande, dans le sens de la longueur. Régler les fourchons afin que la viande soit bien assujettie et s'assurer d'un bon équilibre. Insérer le thermomètre à viande au centre de la pièce, sans qu'il ne touche la broche. Disposer des morceaux de charbon chauds de chaque côté de la lèchefrite. Assujettir la broche à rôtir et placer la lèchefrite sous le rôti. Actionner le moteur, abaisser le couvercle ou couvrir de papier alu. Faire rôtir au-dessus de braises chaudes jusqu'à ce que le thermomètre indique 55° C pour une viande bleue (45 minutes environ), 66° C pour une viande à point (50 minutes environ) et 71° C pour une viande plutôt cuite (55 à 60 minutes). Déficeler. Donne de 6 à 8 portions.

RÔTI DE PALERON MARINÉ ET FUMÉ AU BOIS DE HICKORY

```
 1  rôti de paleron de boeuf de 1 kg,
       faisant 4 cm d'épaisseur
 5  gousses d'ail pelées
50  mL d'huile
50  mL de vinaigre de vin
 1  cuillerée à soupe de sauce Worcestershire
 ½  cuillerée à thé de sel
 ½  cuillerée à thé de basilic séché
 ¼  cuillerée à thé de poivre
    plusieurs gouttes de sauce au piment
    copeaux de hickory
```

Piquer le rôti d'ail en insérant un couteau dans la viande pour y percer des orifices. Répartir les gousses d'ail à intervalles réguliers.

Dans un bol, mélanger l'huile, le vinaigre, la sauce Worcestershire, le sel, le basilic, le poivre et la sauce au piment. Mettre la pièce de viande dans un sac en plastique; déposer dans un plat peu profond. Verser la marinade sur la viande et fermer le sac. Laisser mariner pendant 6 à 8 heures ou toute la nuit au réfrigérateur, en retournant le rôti de temps en temps.

Environ 1 heure avant la cuisson, mettre à tremper les copeaux de hickory dans suffisamment d'eau pour les couvrir. Égoutter les copeaux. Égoutter le rôti et réserver la marinade. Éponger l'excédent de liquide à l'aide d'un essuie-tout. Disposer des morceaux de charbon pas très ardents autour de la lèchefrite, de sorte que la viande cuise lentement. Verser un peu de copeaux de hickory sur les braises. Mettre le rôti sur le gril au-dessus de la lèchefrite. Abaisser le couvercle. Laisser griller pendant 25 minutes. Badigeonner de marinade de temps en temps et ajouter d'autres copeaux. Tourner le rôti et laisser griller pendant 20 minutes pour que la viande soit à point, puis badigeonner de marinade. Assaisonner au goût et retirer les gousses d'ail. Donne 6 portions.

CÔTE DE BOEUF GRILLÉE

    1 côte de boeuf désossée et roulée de 2,5 kg
          à 3 kg
100 mL de bourgogne
100 mL de vinaigre
  50 mL d'huile
  50 mL d'oignon haché fin
    2 cuillerées à soupe de sucre
    1 cuillerée à soupe de sauce Worcestershire
  1½ cuillerée à thé de sel
   ½ cuillerée à thé de moutarde en poudre
   ¼ cuillerée à thé de poivre
   ¼ cuillerée à thé de chili en poudre
   ¼ cuillerée à thé de thym séché
    1 gousse d'ail émincée
       plusieurs gouttes de sauce au piment

Mettre la pièce de viande dans un sac en plastique et le poser dans un bol profond. Lier le reste des ingrédients, verser la marinade dans le sac et le fermer. Laisser mariner pendant 6 à 8 heures ou toute la nuit au réfrigérateur, en tournant la pièce de viande de temps en temps.

  Faire égoutter et réserver la marinade. Éponger l'excédent de liquide à l'aide d'un essuie-tout. Insérer la broche au centre de la pièce de viande. Régler les fourchons afin que la viande soit bien assujettie et s'assurer d'un bon équilibre. Insérer le thermomètre à viande au centre de la pièce, sans qu'il ne touche la broche. Disposer des morceaux de charbon moyennement chauds de chaque côté de la lèchefrite. Assujettir la broche à rôtir et placer la lèchefrite sous le rôti. Actionner le moteur, abaisser le couvercle ou couvrir de papier alu. Faire rôtir au-dessus d'un feu moyennement chaud jusqu'à ce que le thermomètre indique 60° C pour une viande bleue (de 2 heures à 2 heures et demie), 71° C pour une viande à point et 77° C pour une viande bien cuite. Badigeonner souvent de marinade pendant les 30 dernières minutes de cuisson. Laisser reposer pendant 15 minutes avant de trancher. On peut réchauffer la marinade avant de servir. Donne entre 15 et 20 portions.

NOIX DE RONDE ÉPICÉE

    1 rôti de boeuf de 1,5 kg dans la noix de
        ronde
        produit servant à attendrir la viande, non
        épicé
250 mL de ketchup épicé
100 mL d'eau
    2 cuillerées à soupe de sauce Worcestershire
    1 gousse d'ail émincée
    ½ cuillerée à thé de chili en poudre
    ¼ cuillerée à thé de sel

Saupoudrer uniformément le produit servant à attendrir la viande sur tout le pourtour du rôti, à raison de ½ cuillerée à thé par 500 g. Pour s'assurer que le produit pénètre dans la viande, pratiquer des incisions à des intervalles d'un cm à l'aide d'une fourchette aux longs fourchons. Dans une casserole, lier le ketchup, l'eau, la sauce Worcestershire, l'ail, le chili en poudre et le sel. Faire cuire à feu doux pendant 5 minutes.

Insérer la broche à rôtir au centre du rôti. Régler les fourchons afin que la viande soit bien assujettie et s'assurer d'un bon équilibre. Insérer le thermomètre à viande au centre de la pièce, sans qu'il ne touche la broche. Disposer des morceaux de charbon moyennement chauds de chaque côté de la lèchefrite. Assujettir la broche à rôtir et placer la lèchefrite sous le rôti. Actionner le moteur, abaisser le couvercle ou couvrir de papier alu. Faire rôtir au-dessus de braises moyennement chaudes jusqu'à ce que le thermomètre indique 60° C pour une viande bleue (environ 1 heure et demie). Badigeonner de sauce pendant les 30 dernières minutes de cuisson. Faire réchauffer la sauce et servir avec le rôti. Donne 8 portions.

CORNED-BEEF GRILLÉ

```
  1  morceau de corned-beef de 1,5 kg
  6  pommes de terre de grosseur moyenne
  1  sachet de soupe à l'oignon déshydratée
100  mL de beurre amolli ou de margarine
100  mL de sucre
 50  mL de vinaigre
  3  cuillerées à soupe de moutarde préparée
  1  pincée de sel
250  mL de crème sure
 50  mL de lait
  2  cuillerées à soupe de moutarde préparée
```

Déballer et rincer le corned-beef. Disposer des morceaux de charbon moyennement chauds sous le pourtour du gril. Façonner une lèchefrite en papier alu très résistant, y déposer le corned-beef et poser sur le gril. Abaisser le couvercle et laisser cuire pendant 1 heure et demie. Brosser les pommes de terre sans les peler. Les couper en 3 ou 4 tranches. Réserver 3 cuillerées à soupe de soupe à l'oignon déshydratée. Incorporer le reste du sachet au beurre. Étendre le beurre à l'oignon sur les tranches de pommes de terre. Reformer les pommes de terres et emballer chacune dans un morceau de papier alu. Disposer sur le pourtour du gril. Laisser cuire les pommes de terre et le corned-beef en couvrant pendant encore 45 à 60 minutes et tourner une fois les pommes de terre.

Pendant ce temps, lier dans une casserole le sucre, le vinaigre, 3 cuillerées à soupe de moutarde et le sel. Amener au point d'ébullition et remuer jusqu'à ce le sucre soit fondu. Badigeonner la viande de ce mélange pendant les dernières minutes de cuisson. Avant de servir, mélanger la crème sure, le lait, le reste du sachet de soupe déshydratée et 2 cuillerées à soupe de moutarde. Faire chauffer en remuant de temps en temps, sans amener au point d'ébullition.

Développer les pommes de terre. Disposer la viande et les pommes de terre sur une assiette de service. Présenter la sauce à la crème sure dans une saucière. Donne 6 portions.

BOEUF GRILLÉ À LA BRÉSILIENNE

   1 rôti de boeuf à braiser dans le paleron de
        2 kg,
  d'une épaisseur de 5 à 6 cm
250 mL de ketchup
 85 mL de vinaigre
 60 mL d'huile
  2 cuillerées à soupe de café instantané
  1 cuillerée à thé de sel
  1 cuillerée à thé de chili en poudre
  1 cuillerée à thé de graines de céleri
 ⅛ cuillerée à thé de poudre d'ail
  3 ou 4 gouttes de sauce au piment

Pratiquer des incisions sur le gras bordant le rôti en prenant soin de ne pas trancher la viande. Poser le rôti dans un plat peu profond allant au four. Dans un petit bol, mélanger le ketchup, le vinaigre, l'huile, le café instantané, le sel, le chili, les graines de céleri, le poivre, la poudre d'ail, la sauce au piment et 100 mL d'eau. Verser ce mélange sur le rôti. Couvrir et réfrigérer pendant 6 à 8 heures ou toute la nuit en tournant la viande à plusieurs reprises. Retirer le rôti de la marinade et la réserver. Éponger l'excédent de liquide à l'aide d'un essuie-tout. Mettre le rôti à griller sur un feu moyennement chaud pendant 20 à 25 minutes. Tourner le rôti et laisser griller pendant 10 minutes. Badigeonner la viande de marinade. Laisser griller pendant 10 ou 15 autres minutes pour que la viande soit bleue ou à point, en badigeonnant de marinade de temps en temps. Faire chauffer le reste de la marinade.

    Au moment de servir, faire de fines tranches en travers de la fibre. Servir avec la marinade réchauffée. Donne 6 à 8 portions.

RÔTI DE BOEUF AU VIN ROUGE

  1 gousse d'ail émincée
  3 cuillerées à soupe d'huile
100 mL de vin rouge sec
  2 cuillerées à soupe de jus de citron
  1 cuillerée à thé de basilic séché, en poudre
 ½ cuillerée à thé de moutarde en poudre
  1 rôti de boeuf à braiser dans le paleron
    de 1,5 kg, d'une épaisseur de 4 cm
  2 cuillerées à soupe de sauce
       d'accompagnement pour le steak (du
       commerce)

Faire sauter l'ail dans l'huile; retirer du feu. Ajouter le vin, le jus de citron, le basilic, la moutarde en poudre et ½ cuillerée à thé de sel. Piquer le rôti des 2 côtés à l'aide d'une fourchette aux longs fourchons; déposer le rôti dans un sac en plastique et mettre le sac dans un bol profond. Verser la marinade dans le sac et le fermer. Laisser mariner toute la nuit au réfrigérateur, en tournant le rôti de temps en temps. Faire égoutter le rôti et réserver la marinade. Éponger l'excédent de liquide à l'aide d'un essuie-tout. Verser la sauce du commerce dans la marinade. Faire griller le rôti à feu moyennement chaud pendant 25 à 30 minutes de chaque côté pour que la viande soit à point. Badigeonner de marinade. Donne 6 à 8 portions.

RÔTI DE CROUPE FARCI AU RAIFORT

100 mL de raifort
  2 gousses d'ail émincées
  1 rôti de boeuf dans la croupe de 2,5 kg,
    désossé, roulé et ficelé
  1 gousse d'ail coupée en 2

Mélanger le raifort et l'ail émincé. Dérouler le rôti; pratiquer une incision sur le sens de la longueur, quelque peu démarquée du centre (de façon à ce que la broche puisse s'insérer au centre), en prenant soin de ne pas inciser les extrémités. Étendre le raifort à l'ail sur l'incision. Rouler de nouveau la pièce de viande et ficeler solidement. Insérer la broche à rôtir au centre de la pièce. Régler les fourchons afin que la viande soit bien assujettie et s'assurer d'un bon équilibre. Insérer le thermomètre à viande de façon à ce qu'il ne touche pas la broche. Disposer des morceaux de charbon moyennement chauds de chaque côté de la lèchefrite. Fixer la broche et placer la lèchefrite sous le rôti. Actionner le moteur, abaisser le couvercle ou couvrir de papier alu. Laisser rôtir jusqu'à ce que le thermomètre indique 60° C si on souhaite que la viande soit bleue, soit environ 1 heure et demie. Laisser reposer pendant 15 minutes avant de trancher. Donne 10 portions.

PETITES CÔTES AU VIN ROUGE

100 mL de vin rouge sec
  1 cuillerée à thé de thym séché
  ½ cuillerée à thé de sel d'ail
  ½ cuillerée à thé de poivre au citron
  1 kg de petites côtes de boeuf coupées en
       bouchées

Dans une grosse cocotte, mélanger le vin, le thym, le sel d'ail, le poivre au citron et 100 mL d'eau. Y déposer les petites côtes. Couvrir et mettre à mijoter jusqu'à ce que la viande soit tendre, soit entre 1 heure et quart et 1 heure et demie. Égoutter et réserver la marinade. Mettre les petites côtes à griller à feu lent. Laisser griller jusqu'à ce qu'elles soient cuites, soit entre 15 et 20 minutes, en les tournant et en les badigeonnant de marinade de temps en temps. Donne 4 portions.

PETITES CÔTES FUMÉES

        copeaux de hickory
    2 kg de petites côtes de boeuf coupées en
          bouchées
    1 boîte de soupe aux tomates condensée
  200 mL de vin rouge sec
   70 mL d'oignon haché fin
    2 cuillerées à soupe d'huile
    1 cuillerée à soupe de moutarde préparée
    2 cuillerées à thé de chili en poudre
    1 cuillerée à thé de paprika
    1 cuillerée à thé de graines de céleri
   ¼ cuillerée à thé de sel

Une heure avant la cuisson, faire tremper les copeaux de
hickory dans suffisamment d'eau pour les couvrir, puis les
mettre à égoutter. Dans un gril muni d'un couvercle, disposer des morceaux de charbon qui se consument lentement de chaque côté de la lèchefrite. Mettre des copeaux
de hickory humides sur le feu. Disposer les côtes sur le
gril, l'os au-dessous. Abaisser le couvercle. Faire griller
jusqu'à ce que les côtes soient cuites, environ 1 heure et
demie, en prenant soin d'ajouter des copeaux de hickory
aux 20 minutes.

Pendant ce temps, mélanger dans une casserole la soupe
aux tomates condensée, le vin, l'oignon, l'huile, la
moutarde, le chili, le paprika, les graines de céleri et le sel.
Faire chauffer la sauce sur le gril latéral. Badigeonner les
côtes de sauce. Laisser griller à découvert pendant 20 minutes supplémentaires en badigeonnant souvent de sauce.
Donne 4 ou 5 portions.

CUBES DE BOEUF À L'AIL

   50 mL de beurre ou de margarine
    2 cuillerées à soupe de sauce Worcestershire
    2 cuillerées à soupe de jus de citron

1 cuillerée à thé de persil haché fin
½ cuillerée à thé de sel de céleri
1 gousse d'ail émincée
6 steaks de boeuf tranchés en cubes
6 tranches de pain viennois ou français, grillées

Faire fondre le beurre dans une casserole, incorporer la sauce Worcestershire, le jus de citron, le persil haché, le sel de céleri et l'ail. Badigeonner les steaks des 2 côtés. Mettre les cubes de steak dans un panier de broche servant au rôtissage. Faire griller à feu chaud pendant 1 ou 2 minutes; tourner le panier et laisser griller pendant 1 ou 2 autres minutes. Saler et poivrer les cubes de boeuf. Servir l'équivalent d'un steak sur chacune des tranches de pain grillées. Donne 6 portions.

RAGOÛT DE BOEUF AUX HARICOTS ROUGES

2 cuillerées à soupe d'huile
1 kg de boeuf à ragoût, en cubes de 1 cm
850 mL d'eau
3 pommes de terre moyennes, pelées et
    coupées en dés (750 mL)
500 mL de tomates pelées ou 1 boîte de
    tomates en conserve, en morceaux
2 oignons moyens, hachés
1 boîte de concentré de tomates (180 g)
1 poivron vert moyen, haché
50 mL de persil haché fin
1 cuillerée à soupe de bouillon de boeuf
    déshydraté
1½ cuillerée à thé de sel
1 cuillerée à thé de sucre
½ cuillerée à thé de basilic séché
½ cuillerée à thé de thym séché
¼ cuillerée à thé de poivre
1 feuille de laurier
1 boîte de haricots rouges en conserve, égouttés
225 mL de vin rouge sec
50 mL de farine tout usage

Mettre l'huile à chauffer dans une grosse cocotte (4 L) posée sur des morceaux de charbon chauds; dans l'huile chaude, faire brunir la viande en 2 portions. Ajouter 750 mL d'eau, les pommes de terre, les tomates, les oignons, le concentré de tomates, le poivron vert, le persil, le bouillon déshydraté et l'assaisonnement. Couvrir et mener au point d'ébullition (il faudra environ 1 heure et quart) en remuant de temps en temps. Ajouter du charbon s'il le faut. Laisser bouillir jusqu'à ce que la viande et les légumes soient tendres, environ 1 heure de plus, en remuant de temps en temps. Verser les haricots et le vin. Couvrir et mener au point d'ébullition. Incorporer les 100 mL d'eau qui restent à la farine; verser dans le ragoût en remuant. Laisser cuire encore en remuant sans cesse, jusqu'à ce que la sauce épaississe et fasse des bulles. Enlever la feuille de laurier. Donne 6 portions.

POTAGE AU BOEUF FUMÉ ET AU FROMAGE

```
  1  L de lait
  1  boîte de crème de pommes de terre en
        conserve
120  g de boeuf fumé, tranché, haché
250  mL de munster râpé
 50  mL d'oignon haché fin
  2  cuillerées à soupe de persil haché
 ½  cuillerée à thé de graines de cumin
```

Dans une grosse casserole de 3 L, incorporer le lait au concentré de pommes de terre. Ajouter le boeuf fumé, le munster, l'oignon, le persil et les graines de cumin. Mettre à cuire à feu plutôt ardent en remuant souvent pendant quelque 30 minutes. Donne 6 à 8 portions.

KEBABS AU BOEUF ET AUX CHAMPIGNONS

```
125  mL d'huile
 80  mL de sauce soya
 60  mL de jus de citron
```

2 cuillerées à soupe de moutarde préparée
2 cuillerées à soupe de sauce Worcestershire
1 gousse d'ail émincée
1 cuillerée à thé de grains de poivre
   concassés
1½ cuillerée à thé de sel
750 g de boeuf maigre dans la ronde ou le
   paleron, tranché en morceaux de 4 cm
   eau bouillante
12 à 16 chapeaux de champignons

Mélanger l'huile, la sauce soya, le jus de citron, la moutarde, la sauce Worcestershire, l'ail, le poivre et 1½ cuillerée à thé de sel. Ajouter les morceaux de boeuf. Couvrir et réfrigérer pendant la nuit; remuer de temps en temps. Verser de l'eau bouillante sur les champignons. Laisser reposer pendant quelques minutes et égoutter. Embrocher tour à tour les morceaux de boeuf et les champignons. Mettre à griller sur des morceaux de charbon chauds jusqu'à ce que la viande ait atteint le degré de cuisson désiré; il faut compter 15 minutes pour une viande rosée. Retourner souvent les kebabs. Donne 4 ou 5 portions.

KEBABS AU BOEUF ET AUX CREVETTES

125 mL de ketchup
60 mL d'eau
60 mL d'oignon haché fin
1 cuillerée à soupe de sucre brut
3 cuillerées à soupe de jus de citron
2 cuillerées à soupe d'huile
2 cuillerées à soupe de sauce Worcestershire
½ cuillerée à thé de chili en poudre
500 g de steak de surlonge, en
   bouchées de 2,5 cm
250 g de crevettes fraîches ou
   surgelées, décortiquées
2 courgettes italiennes, en tranches
   diagonales de 2,5 cm
2 épis de maïs, tranchés en morceaux de 2,5 cm

    2 petits oignons, découpés en quartiers
    1 poivron vert ou rouge, en carrés
    2 tomates-cerises

Dans une petite casserole, mélanger le ketchup, l'eau, l'oignon haché et le sucre brut. Incorporer le jus de citron, l'huile, la moutarde préparée, la sauce Worcestershire et le chili en poudre. Laisser cuire à feu doux sans couvrir pendant 10 minutes, en remuant 1 ou 2 fois.

   Embrocher les pièces de viande sur 6 petites broches en alternant avec les crevettes, les courgettes, le maïs, les quartiers d'oignon et les carrés de poivron. Faire cuire les kebabs sur un feu moyennement chaud jusqu'à ce que la viande ait atteint le degré de cuisson voulu; il faut compter de 15 à 17 minutes pour que la viande soit bleue. Tourner les brochettes à plusieurs reprises en les badigeonnant de sauce. Insérer une tomate-cerise à l'extrémité pointue de la brochette. Donne 3 ou 4 portions.

BROCHETTES DE BOEUF ET DE PATATES DOUCES

    4 patates douces de grosseur moyenne
       ou 1 boîte (240 g) de patates douces en conserve
   50 mL de sucre brut
    1 cuillerée à thé de fécule de maïs
  125 mL de jus d'orange
  125 mL de sauce chili
    1 cuillerée à soupe de moutarde préparée
  500 g de steak de surlonge,
       d'une épaisseur de 1 cm
    1 orange divisée en 8 quartiers

Trancher les extrémités dures des patates douces si elles ne sont pas en conserve. Prendre une casserole, mettre les patates douces fraîches dans suffisamment d'eau bouillante salée pour qu'elles cuisent en les couvrant pendant 25 à 30 minutes. Faire égoutter; laisser refroidir. Peler et trancher en morceaux de 2,5 cm. (Si on emploie une conserve, il suffit d'égoutter et de trancher les patates douces en morceaux.)

Pendant la cuisson, on prépare la sauce comme suit : dans une petite casserole, mélanger le sucre brut et la fécule de maïs; ajouter le jus d'orange, la sauce chili et la moutarde. Faire cuire en remuant sans cesse, jusqu'à ce que la sauce épaississe et fasse des bulles. Laisser mijoter à découvert pendant 5 minutes, en remuant à 1 ou 2 reprises. Saler et poivrer le steak, puis le trancher en morceaux de 2,5 cm. Embrocher en alternance les morceaux de steak, de patates douces et les quartiers d'orange sur 4 brochettes. Faire griller sur un feu moyennement chaud jusqu'à ce que la viande ait atteint le degré de cuisson voulu; il faut compter entre 12 et 14 minutes pour que la viande soit rosée. Tourner souvent les brochettes et les badigeonner de sauce; servir la sauce qui reste à table. Donne 4 portions.

BROCHETTES DE BOEUF

```
 80  mL de sauce soya
  2  cuillerées à soupe de sucre
 ¼  cuillerée à thé de gingembre moulu
500  g de steak de ronde,
        d'une épaisseur de 2,5 cm
250  g de haricots verts frais
  4  grosses carottes, en bâtonnets de 8 cm
  2  cuillerées à soupe de beurre fondu ou de
        margarine
```

Dans un bol de dimension moyenne, mélanger la sauce soya, le sucre et le gingembre. Couper le steak en fines tranches et laisser mariner dans le mélange au soya en couvrant le bol pendant 2 ou 3 heures à température ambiante, en prenant soin de remuer de temps en temps. Pendant ce temps, faire cuire séparément les haricots et les carottes dans de l'eau bouillante salée, jusqu'à ce qu'ils commencent à être tendres. Égoutter et laisser refroidir. Enrouler la moitié des tranches de boeuf autour de fagots faits de 4 haricots; faire de même avec les bâtonnets de carottes. Solidifier les fagots à l'aide de cure-dents. Embrocher les fagots de viande en les alternant sur 2 broches parallèles. Badigeonner de beurre fondu. Faire griller à feu moyen pendant environ 4 minutes. Tourner et laisser griller encore 3 ou 4 minutes. Badigeonner encore de beurre fondu à 1 ou 2 autres reprises. Donne 4 ou 5 portions.

BROCHETTES DE TOMATES-CERISES ET BOULETTES

      1 oeuf fouetté
      1 tranche de pain en chapelure
     50 mL de lait
     50 mL d'oignon haché fin
     ¾ cuillerée à thé de sel
     ½ cuillerée à thé d'origan séché
     ⅛ cuillerée à thé de poivre
    500 g de boeuf haché
     15 tomates-cerises
      2 cornichons à l'aneth, en morceaux de 1 cm
         sauce pour accompagner le steak (du
            commerce)

Dans un bol, mélanger l'oeuf, la chapelure, le lait, l'oignon, le sel, l'origan et le poivre. Ajouter le boeuf haché et incorporer. Avec l'équivalent de 3 cuillerées à soupe de farce, façonner une boulette autour de chaque tomate-cerise. Embrocher en alternance les boulettes et les morceaux de cornichons sur 5 longues broches. Mettre à griller sur un feu moyennement chaud pendant environ 15 à 20 minutes, en les tournant à 3 ou 4 reprises pour qu'elles cuisent uniformément. Badigeonner les boulettes de temps en temps avec la sauce. Donne 5 portions.

BROCHETTES HAWAÏENNES

125 mL de sauce soya
 60 mL d'huile
   1 cuillerée à soupe de sirop de maïs foncé
   2 gousses d'ail émincées
   1 cuillerée à thé de moutarde en poudre
   1 cuillerée à thé de gingembre moulu
125 kg de steak de surlonge,
        d'une épaisseur de 4 cm
   3 poivrons verts, tranchés en carrés de 2,5 cm
   5 petites tomates fermes, découpées en quartiers

Dans un grand bol, mélanger la sauce soya, l'huile, le sirop de maïs, l'ail, la moutarde en poudre et le gingembre. Ajouter la viande, couvrir et réfrigérer pendant plusieurs heures, voire toute la nuit. Faire égoutter la viande et réserver la marinade. Embrocher en alternance le boeuf, les poivrons et les tomates. Faire griller à feu moyennement chaud jusqu'à ce que la viande ait atteint le degré de cuisson voulu; il faut compter 15 minutes pour que la viande soit bleue. Badigeonner les brochettes de marinade. Donne 8 portions.

Hamburgers et sandwichs

HAMBURGERS O'BRIEN

   1 sac de pommes de terre sautées surgelées (360 g)
125 mL d'oignon haché fin
125 mL de poivron vert haché
   2 cuillerées à soupe de beurre fondu
   1 oeuf fouetté
   2 cuillerées à soupe de piment haché
  1½ cuillerée à thé de sel
   ¼ cuillerée à thé de poivre
750 g de boeuf haché
   8 pains à hamburger, tranchés, rôtis et beurrés

Hacher quelque peu les pommes de terre et les saler. Mettre dans un poêlon les pommes de terre, l'oignon, le poivron vert et le beurre. Couvrir et laisser cuire jusqu'à ce que les pommes de terre soient tendres, en remuant de temps en temps. Mélanger l'oeuf, le piment haché, 1½ cuillerée à thé de sel et le poivre. Verser le mélange sur les pommes de terre. Ajouter le boeuf haché et bien mélanger. Façonner 8 pâtés à la viande d'une épaisseur de 1 cm environ. Faire griller à feu moyennement chaud pendant 5 minutes. Tourner et laisser griller pendant 3 ou 4 autres minutes. Servir les pâtés de viande sur les petits pains grillés; poser une rondelle de poivron vert sur le hamburger, si on le souhaite. Donne 8 portions.

HAMBURGERS AU BOEUF ET À LA CAROTTE

```
  1  oeuf fouetté
  2  cuillerées à soupe de lait
 60  mL de germe de blé
125  mL de carotte râpée
 60  mL d'oignon haché fin
  ¾  cuillerée à thé de sel
  ¼  cuillerée à thé de marjolaine séchée
  ⅛  cuillerée à thé de poivre
500  g de boeuf haché
  4  tranches de fromage Monterey Jack
  4  pains à hamburger de blé complet,
       tranchés, grillés et beurrés
  4  feuilles de laitue
  4  tranches de tomate
```

Mélanger l'oeuf, le lait et le germe de blé; incorporer la carotte râpée, l'oignon, le sel, la marjolaine et le poivre. Ajouter le boeuf haché et bien mélanger. Façonner 4 pâtés de viande. Faire griller sur un feu moyennement chaud pendant 5 ou 6 minutes; tourner et laisser griller pendant 4 ou 5 autres minutes. Durant la dernière minute de cuisson, poser une tranche de fromage sur chacun des pâtés. Servir les pâtés sur les pains à hamburger grillés avec une feuille de laitue et une tranche de tomate. Donne 4 portions.

HAMBURGERS À L'AMÉRICAINE

1	oeuf fouetté
60	mL d'eau
60	mL de chapelure fine
¼	cuillerée à thé d'origan séché
¼	cuillerée à thé de graines de fenouil
¼	cuillerée à thé de sel d'ail
¼	cuillerée à thé de sel d'oignon
	soupçon de poivre
750	g de boeuf haché
250	g de saucisse de porc
8	tranches de fromage américain
8	tranches d'oignon
8	pains à hamburger tranchés,
	grillés et beurrés

Dans un bol, mélanger l'oeuf, l'eau, la chapelure, l'origan, le fenouil, le sel d'ail, le sel d'oignon et le poivre. Ajouter le boeuf haché et la chair de saucisse en mélangeant. Façonner 8 pâtés de viande d'une épaisseur de 1 cm. Faire griller les pâtés à feu moyen pendant 6 ou 7 minutes; tourner les pâtés et laisser griller pendant 6 ou 7 autres minutes. Poser une tranche de fromage sur chaque pâté, ainsi qu'une tranche d'oignon. Servir sur les pains grillés. Donne 8 portions.

CARRÉS AU BOEUF ET AU BACON

8	tranches de bacon
1	kg de boeuf haché
2	cuillerées à soupe de jus de citron
1	cuillerée à soupe de sauce Worcestershire
	sel
	poivre
8	pains à hamburger, tranchés et grillés

Faire cuire suffisamment le bacon, sans qu'il soit croustillant. Couper les tranches en 2 morceaux à la diagonale. Façonner le boeuf haché en un rectangle de 30 cm par 15 cm; diviser le rectangle en 8 carrés. Mélanger le jus de citron et la sauce Worcestershire, puis en badigeonner les carrés de boeuf. Saler et poivrer. Déposer les carrés de viande dans un panier de broche graissé. Disposer 2 morceaux de bacon sur chaque pâté de manière à former un X. Fermer le panier. Faire griller à feu moyennement chaud en tournant souvent le panier pendant environ 20 minutes ou jusqu'à ce que la viande ait atteint le degré de cuisson voulu. Servir sur des pains à hamburger. Donne 8 portions.

HAMBURGERS À LA SAUCE CHILI

      1 kg de boeuf haché
    200 mL de sauce chili
      4 cuillerées à thé de moutarde préparée
      4 cuillerées à thé de raifort
      4 cuillerées à thé de sauce Worcestershire
      1 cuillerée à soupe d'oignon haché
      2 cuillerées à thé de sel
         soupçon de poivre
     12 pains à hamburger, tranchés et grillés

Mélanger vigoureusement dans un grand bol le boeuf haché, la sauce chili, la moutarde préparée, le raifort, la sauce Worcestershire, l'oignon haché, le sel et le poivre. Façonner 12 pâtés de viande. Faire griller à feu moyennement chaud pendant 5 minutes; tourner les pâtés et faire griller jusqu'à ce que la viande ait atteint le degré de cuisson voulu, environ 3 minutes de plus. Servir les pâtés sur des pains à hamburger grillés. Donne 12 portions.

HAMBURGERS CLASSIQUES

    500 g de boeuf haché
      ½ cuillerée à thé de sel
         soupçon de poivre

Mélanger le boeuf, le sel et le poivre. Façonner 4 pâtés de 10 cm. Faire griller à feu moyennement chaud pendant 5 ou 6 minutes; tourner les pâtés et laisser griller pendant 4 ou 5 autres minutes. Donne 4 portions.

Variantes: ajouter l'un des ingrédients suivants à la préparation à la viande; 2 cuillerées à soupe d'oignon vert haché; 2 cuillerées à soupe de relish aux cornichons sucrés; 2 cuillerées à soupe d'olives farcies hachées; 1 cuillerée à soupe de raifort; ¼ cuillerée à thé d'ail émincé.

HAMBURGERS AU BOEUF

    1 oeuf fouetté
    2 cuillerées à soupe de lait
    2 cuillerées à soupe de ketchup
    7 craquelins salés réduits en chapelure
    ½ cuillerée à thé de sel
  500 g de boeuf haché
    4 tranches d'oignon fines
    4 tranches de fromage américain piquant
   60 mL d'oignon haché
   60 mL de beurre ou de margarine
   60 mL de ketchup
    2 cuillerées à soupe de sucre brut
    ½ cuillerée à soupe de raifort
    ½ cuillerée à soupe de sel

Mélanger l'oeuf, le lait et 2 cuillerées à soupe de ketchup; incorporer la chapelure et ½ cuillerée à thé de sel. Ajouter le boeuf haché et bien mélanger. Façonner 4 pâtés et poser chacun d'eux sur un carré de papier alu de 30 cm². Poser 1 tranche d'oignon et 1 tranche de fromage sur chaque pâté.

Faire cuire l'oignon haché dans du beurre jusqu'à ce qu'il amollisse sans le laisser brunir. Ajouter 60 mL de ketchup, le sucre brut, le raifort et ½ cuillerée à thé de sel. Laisser mijoter à découvert pendant 5 minutes. Déposer la garniture sur chaque pâté. Envelopper les pâtés dans le papier alu en prenant soin de sceller les extrémités. Faire cuire sur un feu moyennement chaud, les oignons au-dessous, pendant 15 minutes. Tourner les pâtés et laisser griller pendant 10 autres minutes. Donne 4 portions.

HAMBURGERS AUX LÉGUMES

   2 oeufs légèrement fouettés
190 g de chapelure
  60 g d'oignon haché fin
  60 g de ketchup
750 g de boeuf haché
   1 boîte de champignons en lamelles,
      égouttés (180 g)
   6 tranches de fromage américain
   6 pains à hamburger
   6 tranches d'oignon
   6 tranches de tomate

Dans un bol, mélanger les oeufs, la chapelure, l'oignon, le ketchup, 1 cuillerée à thé de sel et 1 soupçon de poivre. Ajouter le boeuf haché et bien mélanger. Façonner 12 pâtés à la viande. Garnir 6 pâtés de champignons en lamelles en laissant 2 cm dégagés tout autour. Poser dessus les 6 autres pâtés et presser tout autour pour sceller les pâtés. Faire cuire sur un feu moyennement chaud pendant 5 ou 6 minutes; tourner et laisser griller 5 ou 6 minutes de plus. Garnir de tranches de fromage et laisser cuire jusqu'à ce que le fromage soit fondu. Couper les pains à hamburger en 2 et les mettre à griller. Servir les pâtés de viande sur les pains avec les tranches d'oignon et de tomate. Donne 6 portions.

PÂTÉS TRUFFÉS AU FROMAGE

500 g de boeuf maigre
 ½ cuillerée à thé de sel
    soupçon de poivre
    fromage américain râpé
    oignon haché
    sauce barbecue (du commerce)

Mélanger le boeuf haché, le sel et le poivre. A l'aide de papier ciré, façonner de petits pâtés de 0,5 cm d'épaisseur. Au centre de la moitié des pâtés, poser un peu de fromage râpé, d'oignon et de sauce barbecue. Poser par-dessus les pâtés qui restent et fermer en pressant les extrémités. Faire griller à feu moyennement chaud pendant 7 minutes environ. Tourner les pâtés et laisser cuire 6 ou 7 autres minutes. Donne 3 hamburgers.

HAMBURGERS BURRITOS

250 mL de haricots frits 2 fois
120 g de piments verts doux,
     épépinés et hachés
  60 mL d'oignon haché
750 g de boeuf haché
   4 tranches de fromage américain piquant
   8 tortillas
250 mL de laitue hachée
   1 tomate de grosseur moyenne, hachée

Mélanger les haricots, 2 cuillerées à soupe de piments doux, l'oignon et ¾ cuillerée à thé de sel. Ajouter le boeuf haché et bien mélanger. Façonner 8 pâtés à la viande de 13 cm. Diviser les tranches de fromage en 2; poser ½ tranche sur chacun des pâtés. Replier de sorte que le fromage soit scellé à l'intérieur, en formant des demi-cercles. Faire griller à feu moyennement chaud pendant 5 ou 6 minutes; tourner et laisser griller 4 ou 5 autres minutes. Mettre les tortillas à chauffer sur le gril. Servir les pâtés à la viande dans les tortillas. Ajouter la laitue hachée, les tomates et les piments qui restent. Donne 8 portions.

PAINS À LA VIANDE ET À L'ANANAS

   1 boîte de 450 g d'ananas broyé (dans son jus)
   2 oeufs fouettés
   2 tranches de pain en chapelure
   2 cuillerées à soupe d'oignon haché fin

```
  2 cuillerées à soupe de poivron vert haché
  ½ cuillerée à thé de sel
  ⅛ cuillerée à thé de poivre
750 g de boeuf haché
  1 cuillerée à soupe de fécule de maïs
 60 mL de ketchup
  2 cuillerées à soupe de sauce soya
  4 gouttes de sauce au piment
```

Égoutter l'ananas broyé et réserver le jus. Ajouter de l'eau au jus, s'il y a lieu, afin d'obtenir 250 mL de liquide. Réserver en vue de la préparation de la sauce. Dans un bol, mélanger les oeufs, la chapelure, l'ananas, l'oignon, le poivron vert, le sel et le poivre. Ajouter le boeuf et bien mélanger. Façonner en 5 pains de 10 cm par 5 cm. Mettre les pains de viande dans le panier à rôtissage. Faire griller à feu moyennement chaud pendant 20 ou 25 minutes. Tourner et faire griller environ 20 autres minutes.

Pendant ce temps, mélanger la fécule et la moutarde dans une petite casserole. Ajouter en tournant le jus d'ananas, le ketchup, la sauce soya et la sauce au piment. Faire cuire à feu moyennement fort en remuant constamment, jusqu'à épaississement de la sauce. Servir avec les pains de viande. Donne 5 portions.

HAMBURGERS FARCIS

```
  1 oeuf fouetté
260 mL de préparation à farce aux fines
      herbes
  1 boîte de champignons en conserve,
      égouttés (120 g)
 50 mL de bouillon de boeuf
 60 mL d'oignons verts hachés
 60 mL de persil haché
  2 cuillerées à soupe de beurre fondu ou de
      margarine
  1 cuillerée à thé de jus de citron
  1 kg de boeuf haché
  1 cuillerée à thé de sel
```

Mélanger l'oeuf, la préparation à farce, les champignons égouttés, le bouillon de boeuf, le persil, le beurre ou la margarine, puis le jus de citron; laisser reposer. Mélanger la viande et le sel; diviser en 2 portions. A l'aide d'une feuille de papier ciré, façonner chaque portion de viande en un pâté rond de 20 cm de diamètre. Déposer la farce sur l'un des pâtés en dégageant une bordure de 2,5 cm tout autour. Poser dessus l'autre pâté, enlever l'une des feuilles de papier ciré et presser tout autour afin de sceller.

Retourner le pâté de viande et le déposer dans un panier de rôtissage bien graissé, enlever l'autre feuille de papier ciré. Faire griller à feu moyennement chaud pendant 10 ou 12 minutes; tourner et laisser griller 10 ou 12 autres minutes, jusqu'à ce que la viande ait atteint le degré de cuisson voulu. Tailler le pâté en plusieurs parts et servir avec du ketchup chaud, au goût. Donne 8 portions.

PAIN DE VIANDE AU CHILI

  2 oeufs légèrement fouettés
  1 boîte de tomates en conserve, hachées
       (240 g)
  1 boîte de haricots rouges en conserve,
       égouttés (240 g)
250 mL de croustilles au maïs
       émiettées
 60 mL d'oignons verts hachés fin
  2 cuillerées à soupe de persil haché
1½ cuillerée à thé de sel
  1 cuillerée à thé de chili en poudre
  1 kg de boeuf haché
  1 boîte de sauce enchilada douce en
       conserve (300 g)
125 mL de fromage américain
       piquant, râpé (60 g)

Mélanger les oeufs, les tomates et leur jus, les haricots, les croustilles émiettées, les oignons verts, le persil, le sel et le chili; réduire quelque peu les haricots en purée. Ajouter le boeuf haché et bien mélanger. Façonner 2 pains faisant 20 cm par 8 cm par 5 cm. Découper 2 feuilles de papier alu très résistant de 50 cm de long par 50 cm de large. Disposer les pains sur chacune des feuilles d'alu; enrouler les feuilles autour des pains et sceller. Mettre à griller sur des morceaux de charbon moyennement chauds pendant 30 minutes; tourner et laisser griller pendant 20 autres minutes.

Pendant ce temps, mettre à chauffer la sauce enchilada dans une casserole. Ouvrir les enveloppes de papier alu de façon à former une espèce de lèchefrite. Laisser cuire jusqu'à ce que la viande ait atteint le degré de cuisson voulu, environ 10 autres minutes, en badigeonnant souvent les pains de sauce enchilada. Passer la sauce qui reste au tamis et en napper les tranches, sur lesquelles on déposera un peu de fromage râpé. Donne 8 portions.

FLANCHET FARCI

  2 steaks de flanchet de boeuf de 500 g
      produit servant à attendrir la viande, non
        épicé
  2 cuillerées à soupe de raifort
 80 mL d'oignon haché
 80 mL de céleri haché
  2 cuillerées à soupe de beurre fondu ou de
      margarine
 ½ cuillerée à thé de sel épicé
250 mL de crème sure
 12 tranches de pain français,
      grillées et beurrées

Inciser les steaks à la diagonale des 2 côtés. Saupoudrer le produit servant à attendrir la viande selon les directives. Étendre du raifort sur 1 côté des steaks. Mélanger l'oignon, le céleri, le beurre et le sel épicé; garnir les steaks de cette préparation. Enrouler chaque pièce de viande sur elle-même, fixer à l'aide de cure-dents et ficeler pour bien solidifier. Insérer la broche à rôtir au centre du rouleau de viande, régler les fourchons et s'assurer d'un bon équilibre. Disposer des morceaux de charbon moyennement chauds de chaque côté de la lèchefrite. Fixer la broche et placer la lèchefrite sous le rouleau de viande. Actionner le moteur et faire griller à feu moyennement chaud pendant environ 45 minutes, jusqu'à ce que la viande ait atteint le degré de cuisson voulu. Laisser reposer pendant quelques minutes, déficeler et retirer la broche.

Mettre la crème sure à chauffer dans une petite casserole à feu doux, en prenant soin de ne pas amener au point d'ébullition. Découper le rouleau de viande en fines tranches et disposer chaque portion sur une tranche de pain grillé. Napper de crème sure chaude. Donne 6 portions.

SANDWICHS À LA SAUCISSE EN SAUCE À PIZZA

1	oeuf fouetté
60	mL de lait
180	mL de chapelure
60	mL de parmesan râpé
2	cuillerées à soupe de persil haché
½	cuillerée à thé de sel d'ail
	soupçon de poivre
250	g de saucisse à pizza
250	g de boeuf haché
6	saucisses de Francfort
1	boîte de sauce à pizza en conserve (240 g)
2	cuillerées à soupe d'oignon haché
2	cuillerées à soupe d'olives vertes farcies, hachées
6	pains à hot-dog, tranchés et grillés
125	mL de mozzarella râpée

Mélanger l'oeuf et le lait, ajouter la chapelure, le parmesan, le persil, le sel d'ail et le poivre. Ajouter la saucisse et le boeuf; bien mélanger. Diviser la préparation en 6 portions égales. Façonner cette farce autour des saucisses de Francfort en prenant soin de dégager les extrémités; on peut les rouler à l'aide de papier ciré pour s'assurer que le mélange est réparti uniformément. Mettre au réfrigérateur.

Mélanger dans une casserole la sauce à pizza, l'oignon et les olives hachés. Faire mijoter à découvert pendant 5 minutes en remuant de temps en temps. Mettre les saucisses de Francfort à griller à feu moyennement chaud jusqu'à ce que la viande soit cuite, soit 5 minutes environ. Tourner et laisser griller environ 10 autres minutes. Badigeonner les saucisses avec la sauce à pizza pendant les 5 dernières minutes de cuisson. Servir sur les pains grillés. Napper les sandwichs avec la sauce qui reste et recouvrir avec de la mozzarella. Donne 6 portions.

PÂTÉS AU JAMBON GLACÉS AUX POMMES

      1 oeuf légèrement fouetté
     60 mL de lait
    375 mL de chapelure (l'équivalent
            de 2 tranches de pain)
      1 cuillerée à soupe d'oignons verts hachés fin
            soupçon de poivre
    500 g de jambon cuit, haché
     80 mL de sucre brut
     60 mL de miel
      1 cuillerée à thé de moutarde en poudre
     60 mL de sirop de pommes épicées
      4 rondelles de pommes épicées

Mélanger l'oeuf et le lait; ajouter en tournant la chapelure, l'oignon et le poivre. Ajouter ensuite le jambon haché et bien mélanger. Façonner 4 pâtés de viande de 10 cm chacun. Mélanger dans une casserole le sucre brut, le miel, la moutarde en poudre et le sirop de pommes épicées. Faire mijoter à feu doux. Mettre les pâtés de viande à griller sur un feu moyennement chaud pendant 5 minutes. Tourner et badigeonner de sauce. Poser une rondelle de pomme sur chaque pâté et badigeonner à nouveau. Faire griller les pâtés jusqu'à ce que la viande ait atteint le degré de cuisson désiré, soit 5 ou 6 minutes de plus. Passer au tamis la sauce qui reste et en napper les pâtés. Donne 4 portions.

SANDWICHS AU CORNED-BEEF ET À LA DINDE

8 pains kaiser ou pains à hamburgers, tranchés
      sauce tartare
      vinaigrette à la russe, à l'italienne ou au
         roquefort
2 sachets de corned-beef en tranches
      (environ 100 g)
8 tranches d'oignon fines
4 tranches de gruyère divisées en 2
2 sachets de dinde fumée en tranches
      (environ 100 g)

Badigeonner les pains de sauce tartare et de vinaigrette au choix. Poser tour à tour une tranche de corned-beef, d'oignon, de gruyère et de dinde fumée. Poser l'autre moitié du pain. Mettre chaque sandwich sur une feuille de papier alu résistant faisant 50 cm par 30 cm. Enrouler les sandwichs en scellant chaque extrémité. Faire griller à feu moyen pendant environ 25 minutes, en retournant à plusieurs reprises. Donne 8 portions.

SAUCISSES BRATWURST À LA BIÈRE

375 mL de bière
    2 cuillerées à soupe de sucre brut
    2 cuillerées à soupe de sauce soya
    1 cuillerée à soupe de moutarde préparée
    1 cuillerée à thé de chili en poudre
    2 gousses d'ail émincées
      plusieurs gouttes de sauce au piment
    6 saucisses bratwurst (au porc et aux fines
         herbes)
    6 petits pains français
      relish à la choucroute (voir recette en p.
         106)

Mélanger la bière, le sucre brut, la sauce soya, la moutarde, le chili en poudre, l'ail émincé et la sauce au piment. Déposer les saucisses dans un plat peu profond et y verser la marinade. Couvrir et réfrigérer pendant plusieurs heures ou toute la nuit, en retournant souvent les saucisses pour qu'elles s'imprègnent de marinade. Retirer les saucisses du plat et réserver la marinade. Faire griller les saucisses à feu moyennement chaud pendant 4 minutes, tourner et laisser griller 3 ou 4 minutes de plus. Badigeonner souvent de marinade. Trancher les petits pains en 2 dans le sens de la longueur. Évider les pains de leur mie en en laissant 0,5 cm. Farcir chaque pain évidé avec 60 mL de relish à la choucroute égouttée. Poser la saucisse sur le lit de relish et garnir de l'autre moitié du pain. (Réfrigérer la relish qui reste jusqu'à sa prochaine utilisation.) Donne 6 portions.

PORC EN PAPILLOTES À L'ORIENTALE

      3 cuillerées à soupe d'oignons verts hachés
      4 cuillerées à thé de sauce soya
      ⅛ cuillerée à thé de poudre d'ail
 500 g de porc haché
        sauce aigre-douce (cf. la recette suivante)
      8 feuilles de laitue
        riz persillé (cf. la recette suivante)

Mélanger les oignons verts, la sauce soya et la poudre d'ail. Ajouter le porc haché et bien mélanger. Façonner 8 bûchettes de 2,5 cm par 8 cm. Faire griller à feu moyen pendant 4 ou 5 minutes; tourner et badigeonner de sauce aigre-douce. Laisser griller les bûchettes encore 3 ou 4 minutes. Mettre environ 1 cuillerée à soupe de riz persillé au centre de chaque feuille de laitue. Y déposer une bûchette grillée à l'horizontale. Plier chacune des extrémités de la feuille en diagonale, de sorte qu'elles couvrent la bûchette. Tremper dans la sauce aigre-douce avant chaque bouchée. Donne 4 portions.

Sauce aigre-douce: Mélanger dans une casserole 125 mL de sucre brut et 1 cuillerée à soupe de fécule de maïs.

Ajouter en tournant 80 mL de vinaigre de vin rouge, 80 mL de bouillon de poulet, 60 mL de poivron vert haché fin, 2 cuillerées à soupe de piment haché, 1 cuillerée à soupe de sauce soya, ¼ cuillerée à thé de poudre d'ail et ¼ cuillerée à thé de gingembre moulu. Faire cuire sur le gril à feu moyen en remuant de temps en temps, jusqu'à épaississement. Donne 300 mL.

Riz persillé: Mélanger dans une casserole 160 mL d'eau, 80 mL de riz et ¼ cuillerée à thé de sel. Couvrir la casserole d'un couvercle qui ferme hermétiquement. Poser la casserole sur le gril à feu moyen et amener au point d'ébullition; il faut compter environ 15 minutes. Poser la casserole en bordure du gril et faire cuire 10 autres minutes (sans enlever le couvercle). Retirer du feu et laisser reposer sans découvrir pendant 10 minutes. Ajouter en tournant 2 cuillerées à soupe de persil haché.

PAINS FARCIS AU CRABE ET AU FROMAGE

250 mL de fromage Monterey Jack râpé (120 g)
  60 mL de céleri haché fin
    2 cuillerées à soupe de mayonnaise ou de vinaigrette
    2 cuillerées à soupe de piment haché
    2 cuillerées à thé de jus de citron
    1 cuillerée à thé de moutarde préparée
    1 boîte de crabe en conserve, égoutté, effiloché, sans cartilage
    4 petits pains français

Mélanger le fromage râpé, le céleri, la mayonnaise (ou la vinaigrette), le piment, le jus de citron et la moutarde préparée. Incorporer la chair de crabe. Trancher les petits pains en 2 et garnir de farce au crabe. Emballer chaque pain farci dans du papier alu et sceller les extrémités. Mettre à griller à feu moyen pendant 10 minutes. Tourner et laisser griller 10 autres minutes. Donne 4 portions.

Le porc et le jambon

CÔTELETTES DE PORC FARCIES À L'ORANGE ET AUX POMMES

       6 côtelettes de porc dans le filet,
          d'une épaisseur de 4 cm
     125 mL de céleri haché
     125 mL de pommes hachées avec
          leur pelure
       2 cuillerées à soupe de beurre
       1 oeuf fouetté
     375 mL de pain aux raisins grillé,
          en dés (2½ tranches)
       ½ cuillerée à thé de zeste d'orange
       1 orange, en quartiers, hachés
       ¼ cuillerée à thé de sel
       ⅛ cuillerée à thé de cannelle moulue

Pratiquer une incision sur chaque côtelette allant de la bordure de gras à l'os. Saler et poivrer le long de l'incision.

Dans une petite casserole, faire revenir le céleri et la pomme jusqu'à ce qu'ils soient tendres, sans toutefois les faire brunir. Mélanger l'oeuf, les dés de pain, le zeste d'orange, l'orange hachée, le sel et la cannelle. Verser le céleri et la pomme cuits sur la préparation au pain et remuer quelque peu. Farcir chaque côtelette d'environ 80 mL de farce. Fixer la chair à l'aide de cure-dents.

Mettre les côtelettes à griller à feu moyen pendant environ 20 minutes. Tourner et laisser griller encore 15 ou 20 minutes. Au moment de servir, retirer les cure-dents. Donne 6 portions.

CÔTELETTES DE PORC FARCIES AU MAÏS

  6 côtelettes de porc dans le filet,
      d'une épaisseur de 4 cm
 60 mL de poivron vert haché
 60 mL d'oignon haché
  1 cuillerée à soupe de beurre ou de
      margarine
  1 oeuf fouetté
375 mL de cubes de pain grillé
125 mL de grains de maïs cuits
  2 cuillerées à soupe de piment haché
  ½ cuillerée à thé de sel
  ¼ cuillerée à thé de cumin moulu
     soupçon de poivre

Pratiquer une incision sur chaque côtelette allant de la bordure de gras à l'os. Saler et poivrer le long de l'incision.

Dans une petite casserole, faire revenir le poivron vert et l'oignon jusqu'à ce qu'ils soient tendres, sans toutefois les faire brunir. Mélanger l'oeuf, les dés de pain, le maïs, le piment, le sel, le cumin et le poivre. Verser le poivron et l'oignon cuits sur la préparation au pain et remuer quelque peu. Farcir chaque côtelette avec environ 80 mL de farce. Fixer la chair à l'aide de cure-dents.

Mettre les côtelettes à griller à feu moyen pendant environ 20 minutes. Tourner et laisser griller encore 15 ou 20 minutes. Au moment de servir, retirer les cure-dents. Donne 6 portions.

CÔTELETTES DE PORC RÔTIES

250 mL d'oignons hachés
  1 gousse d'ail émincée
  2 cuillerées à soupe d'huile
180 mL de ketchup
 60 mL de jus de citron
  3 cuillerées à soupe de sucre

   2 cuillerées à soupe de sauce Worcestershire
   1 cuillerée à soupe de moutarde préparée
   1 cuillerée à thé de sel
  ¼ cuillerée à thé de sauce au piment
     sel
   6 côtelettes de porc dans le filet ou 6 côtes
     premières, d'une épaisseur de 3 cm ou
     4 cm

Dans une casserole, faire revenir l'oignon et l'ail dans de l'huile chaude jusqu'à ce qu'ils amollissent, sans toutefois les faire brunir. Ajouter en tournant le ketchup, le jus de citron, le sucre, la sauce Worcestershire, la moutarde préparée, 1 cuillerée à thé de sel et quelques gouttes de sauce au piment. Faire mijoter à découvert pendant 5 minutes, en remuant à 1 ou 2 reprises. Saler les côtelettes.

    Les placer dans le panier en broche et les faire griller à feu moyen pendant environ 25 minutes. Tourner le panier et laisser griller pendant 20 autres minutes, en badigeonnant de sauce de temps en temps. Donne 6 portions.

FILETS DE PORC À LA GITANE

   2 filets de porc complets (750 g)
   4 cuillerées à thé de paprika
   1 cuillerée à thé de sel
  ⅛ cuillerée à thé de poivre

Trancher les filets en 6 morceaux de 8 cm chacun. Poser les morceaux à plat sur un billot et les aplatir à l'aide de la lame d'un couperet ou d'un maillet de boucher, de sorte qu'ils aient 2 cm d'épaisseur. Mélanger le paprika, le sel et le poivre. Enfariner la viande de cette mixture. Faire griller les morceaux de filet à feu moyen pendant 10 minutes environ; tourner et continuer la cuisson pendant 10 autres minutes. Donne 6 portions.

CÔTELETTES DE PORC AU BEURRE DE POMMES ET D'ARACHIDES

125 mL de beurre de pommes
  2 cuillerées à soupe de beurre d'arachides
  ¼ cuillerée à thé de pelure d'orange
       finement râpée
  2 cuillerées à soupe de jus d'orange
  4 côtelettes de porc dans la palette,
  d'une épaisseur de 2 cm

Mélanger le beurre de pommes et le beurre d'arachides; ajouter la pelure d'orange et le jus d'orange. Saler et poivrer les côtelettes. Les faire griller à feu moyen pendant environ 15 minutes. Tourner les côtelettes et les badigeonner de beurre aux pommes et aux arachides. Les laisser griller pendant 15 autres minutes. Les badigeonner avec le beurre aux pommes et aux arachides qui reste. Donne 4 portions.
  Nota: On peut employer des côtelettes de 4 cm d'épaisseur, qu'il faudra laisser griller pendant 25 minutes d'un côté, puis 25 minutes de l'autre. Donne 8 portions.

FILET DE PORC MARINÉ

  1 rôti de porc dans le filet de 2,5 kg,
       roulé et ficelé
 60 mL d'eau
  3 cuillerées à soupe de moutarde de Dijon
  2 cuillerées à soupe d'huile
  1 cuillerée à soupe de sauce soya

Piquer le rôti en plusieurs endroits à l'aide d'une fourchette aux longs fourchons. Poser la pièce de viande dans un plat peu profond. Délayer l'eau, la moutarde, l'huile et la sauce soya. Badigeonner le rôti et couvrir. Laisser reposer à température ambiante pendant 1 heure environ. Égoutter la pièce de viande et réserver la marinade. Insérer la broche à rôtissage au centre du rôti.

Régler les fourchons et s'assurer d'un bon équilibre. Insérer le thermomètre à viande au centre du rôti en veillant à ce qu'il ne touche pas à la broche. Disposer des morceaux de charbon moyennement chauds de chaque côté de la lèchefrite. Fixer la broche et placer la lèchefrite sous la pièce de viande. Actionner le moteur et laisser griller jusqu'à ce que le thermomètre indique 77° C pour que le rôti soit bien cuit, soit une durée de 2 heures à 2 heures et demie.

Pendant les 30 ou 45 dernières minutes de la cuisson, enduire le rôti de sauce à la moutarde. Faire chauffer la sauce qui reste et en napper les tranches de rôti. Donne 8 portions.

RÔTI DE PORC DANS LE FILET

250 mL de ketchup
 60 mL d'huile
 60 mL de vinaigre de vin
  2 cuillerées à soupe d'oignon émincé déshydraté
  2 cuillerées à soupe de sauce Worcestershire
  1 cuillerée à soupe de sucre brut
  1 cuillerée à thé de graines de moutarde
  1 cuillerée à thé d'origan séché
  1 feuille de laurier
 ½ cuillerée à thé de sel
 ½ cuillerée à thé de poivre concassé
 ¼ cuillerée à thé de chili en poudre
  1 rôti de porc dans le filet de 2,5 kg,
       désossé, roulé et ficelé

Mélanger dans une casserole le ketchup, l'huile, le vinaigre de vin, l'oignon, la sauce Worcestershire, le sucre brut, les graines de moutarde, l'origan, la feuille de laurier, le sel, le poivre, le chili en poudre et 125 mL d'eau. Faire mijoter pendant 20 minutes; enlever la feuille de laurier.

Insérer la broche à rôtissage au centre de la pièce de viande. Régler les fourchons et s'assurer d'un bon équilibre. Insérer le thermomètre à viande près du centre du rôti en s'assurant qu'il ne touche pas à la broche. Disposer des morceaux de charbon moyennement chauds de chaque côté de la lèchefrite; fixer la broche, placer la lèchefrite sous la pièce de viande, actionner le moteur et abaisser le couvercle ou couvrir de papier alu. Laisser griller jusqu'à ce que le thermomètre indique 77° C pour que la viande soit bien cuite, soit entre 2 heures et 2 heures et demie. Badigeonner souvent le rôti de sauce au cours des 30 dernières minutes de cuisson. Donne 8 portions.

CÔTES ROYALES FUMÉES AU BOIS DE HICKORY

	copeaux de hickory
180	mL de ketchup
125	mL d'oignon haché fin
60	mL d'huile d'olive ou d'huile pour la cuisson
60	mL de vinaigre à l'estragon
60	mL d'eau
3	cuillerées à soupe de jus de citron
2	cuillerées à soupe de sauce Worcestershire
1	cuillerée à soupe de sucre brut
2	cuillerées à thé de moutarde en poudre
2	cuillerées à thé de paprika
2	cuillerées à thé de chili en poudre
2	gousses d'ail émincées
2	feuilles de laurier
1	cuillerée à thé de graines de cumin broyées
1	cuillerée à thé de thym séché, broyé
½	cuillerée à thé de sel
¼	cuillerée à thé de poivre
2	kg de côtes de porc dans l'échine ou de côtes levées

Mettre à tremper les copeaux de hickory dans suffisamment d'eau pour les couvrir environ 1 heure avant d'allumer le feu; les faire égoutter. Mélanger dans une casserole le ketchup, l'oignon, l'huile, le vinaigre, l'eau, le jus de citron, la sauce Worcestershire, le sucre brut, la moutarde en poudre, le paprika, le chili en poudre, l'ail, les feuilles de laurier, les graines de cumin, le thym, le sel et le poivre. Laisser mijoter pendant 10 minutes.

Embrocher les côtes en accordéon et les solidifier à l'aide des fourchons. Disposer des morceaux de charbon très chauds de chaque côté de la lèchefrite; jeter des copeaux de hickory humides sur les briquettes. Fixer la broche et placer la lèchefrite sous la pièce de viande. Actionner le moteur, abaisser le couvercle ou couvrir de papier alu. Faire griller les côtes pendant 1 heure environ, de sorte qu'elles soient bien cuites. Remettre des copeaux de hickory aux 20 minutes environ. Badigeonner souvent les côtes de sauce pendant les 15 dernières minutes de cuisson. Servir la sauce qui reste à table. Donne de 4 à 6 portions.

CÔTES LEVÉES À L'HAWAÏENNE

250 mL de confiture à l'ananas
  2 cuillerées à soupe de vinaigre
  2 cuillerées à soupe de piment haché
  1 cuillerée à soupe de jus de citron
  2 cuillerées à thé de moutarde de Dijon
  1 cuillerée à thé de bouquet garni
1,5 kg à 2 kg de côtes de porc levées
     sel
  1 ananas frais, pelé, tranché en quartiers sur
     le sens de la longueur
  1 poivron vert, tranché en bandes sur le
     sens de la longueur

Mélanger dans un bol la confiture à l'ananas, le vinaigre, le piment, le jus de citron, la moutarde et le bouquet garni; laisser reposer.

Saler les côtes. Embrocher en accordéon les côtes, les quartiers d'ananas et les bandes de poivron vert; solidifier à l'aide des fourchons. Disposer des briquettes peu ardentes de chaque côté d'une lèchefrite en papier alu sur un gril muni d'un couvercle. Fixer la broche et placer la lèchefrite sous la brochette. Actionner le moteur, abaisser le couvercle ou couvrir de papier alu.

Faire griller les côtes à feu lent jusqu'à ce qu'elles soient bien cuites, soit 1 heure environ. Pendant les 15 dernières minutes de cuisson, badigeonner de temps en temps les côtes, les quartiers d'ananas et les poivrons avec la confiture à l'ananas. Donne 3 ou 4 portions.

On peut aussi fumer la viande en répandant des copeaux de hickory humides sur les braises au cours de la dernière demi-heure de cuisson.

CÔTES FUMÉES À LA CHINOISE

3	kg de côtes de porc dans l'échine ou de côtes levées
2	cuillerées à soupe de sucre
1	cuillerée à thé de sel
½	cuillerée à thé de paprika
½	cuillerée à thé de curcuma moulu
¼	cuillerée à thé de graines de céleri
⅛	cuillerée à thé de moutarde en poudre copeaux de hickory
125	mL de ketchup
125	mL de sucre brut
3	cuillerées à soupe de sauce soya
1	cuillerée à soupe de gingembre frais, râpé ou 2 cuillerées à thé de gingembre moulu
1	gousse d'ail émincée

Bien enduire les côtes d'un mélange composé de sucre, de sel, de paprika, de curcuma, de graines de céleri et de moutarde en poudre; couvrir et laisser reposer pendant 2 heures. Environ 1 heure avant de procéder à la cuisson, faire tremper les copeaux de hickory dans suffisamment d'eau pour les couvrir, puis les mettre à égoutter.

Dans un barbecue muni d'un couvercle, disposer des morceaux de charbon peu ardents de chaque côté de la lèchefrite. Répandre des copeaux de hickory humides sur les braises. Poser les côtes, l'os contre le gril, et abaisser le couvercle. Faire griller à feu lent pendant environ 30 minutes. Tourner les côtes et continuer la cuisson pendant 30 autres minutes. Ajouter des copeaux de hickory sur les braises aux 20 minutes. (Si les extrémités des côtes levées cuisent trop vite, il suffit de glisser sous elles un morceau de papier alu afin de ralentir la cuisson.)

Pendant ce temps, mélanger dans une casserole le ketchup, le sucre brut, la sauce soya, le gingembre et l'ail. Mettre à chauffer en remuant jusqu'à ce que le sucre ait fondu. Badigeonner les côtes des 2 côtés et laisser cuire pendant 10 à 15 autres minutes à découvert. Faire réchauffer la sauce qui reste et servir avec les côtes. Donne 6 portions.

CÔTES À LA PAYSANNE

         2 kg de côtes de porc
     250 mL d'oignon haché
         1 gousse d'ail émincée
       60 mL d'huile
         1 boîte de sauce tomate en conserve (240 g)
     125 mL d'eau
       60 mL de sucre brut
       60 mL de jus de citron
         2 cuillerées à soupe de sauce Worcestershire
         2 cuillerées à soupe de moutarde préparée
         1 cuillerée à thé de sel
         1 cuillerée à thé de graines de céleri
       ¼ cuillerée à thé de poivre

Mettre les côtes dans une grande casserole ou dans une grosse cocotte et faire cuire dans de l'eau bouillante salée en couvrant pendant 45 à 60 minutes. Égoutter.

Pendant ce temps, faire revenir l'oignon et l'ail dans de l'huile chaude pour qu'ils amollissent sans toutefois brunir. Ajouter en tournant la sauce tomate, l'eau, le sucre brut, le jus de citron, la sauce Worcestershire, la moutarde, le sel, les graines de céleri et le poivre. Faire mijoter à découvert pendant 15 minutes, en remuant à 1 ou 2 reprises.

Faire griller les côtes sur des braises peu ardentes pendant environ 45 minutes en les tournant aux 15 minutes. Badigeonner généreusement de sauce. Donne 6 portions.

CÔTES GLACÉES À L'ABRICOT

     2 kg de côtes de porc dans l'échine,
           coupées en bouchées
 375 mL d'eau
 250 mL d'abricots séchés, grossièrement hachés
 125 mL de sucre brut
     2 cuillerées à soupe de vinaigre
     1 cuillerée à soupe de jus de citron
     1 cuillerée à thé de gingembre moulu
   ½ cuillerée à thé de sel

Mettre les côtes dans une grande casserole ou dans une grosse cocotte et faire cuire dans de l'eau bouillante salée en couvrant pendant 45 à 60 minutes. Égoutter, saler et poivrer les côtes.

Pendant ce temps, mélanger dans une petite casserole l'eau, les abricots, le sucre brut, le vinaigre, le jus de citron, le gingembre et le sel. Amener au point d'ébullition; réduire la température, couvrir et laisser mijoter pendant 5 minutes. Verser la préparation dans le récipient du mélangeur, couvrir et faire broyer jusqu'à obtention d'un liquide homogène.

Badigeonner les côtes de cette sauce. Faire griller les côtes à feu moyennement lent pendant 10 ou 15 minutes. Tourner les côtes et laisser griller pendant 10 ou 15 autres minutes, en les badigeonnant de temps en temps de sauce à l'abricot. Donne 4 portions.

BROCHETTES DE PORC GLACÉ

     4 grosses carottes
 125 mL de confiture à l'abricot
   ½ boîte de sauce tomate en conserve
   60 mL de sucre brut
   60 mL de vin rouge sec
     2 cuillerées à soupe de jus de citron
     2 cuillerées à soupe d'huile
     1 cuillerée à thé de jus d'oignon

750 g de porc maigre désossé
    morceaux d'ananas frais

Trancher les carottes en rondelles de 2,5 cm d'épaisseur. Les mettre à bouillir dans un peu d'eau salée pendant 15 à 20 minutes en couvrant la casserole; faire égoutter. Dans une autre casserole, mélanger la confiture à l'abricot, la sauce tomate, le sucre brut, le vin, le jus de citron, l'huile et le jus d'oignon. Faire cuire à découvert pendant 10 ou 15 minutes en remuant de temps en temps. Trancher la viande en cubes de 2,5 cm.

Enfiler les morceaux de porc, de carottes et d'ananas sur 6 brochettes; saler et poivrer. Faire griller à feu moyen pendant environ 10 minutes et tourner fréquemment. Badigeonner de sauce et laisser griller environ 5 autres minutes. Donne 6 portions.

KEBABS À LA CORÉENNE

750 g de porc maigre désossé
125 mL de jus d'ananas sans sucre ajouté
 60 mL de sauce soya
 60 mL d'oignons verts hachés
  4 cuillerées à soupe de graines de sésame
  1 cuillerée à soupe de sucre brut
  1 gousse d'ail émincée
 ⅛ cuillerée à thé de poivre
  1 cuillerée à thé de fécule de maïs
  1 poivron vert

Trancher la pièce de viande en 18 morceaux. Mélanger dans un grand bol le jus d'ananas, la sauce soya, l'oignon vert, les graines de sésame, le sucre brut, l'ail et le poivre; ajouter ensuite les morceaux de porc. Couvrir et réfrigérer pendant la nuit ou laisser mariner 2 heures durant à température ambiante, en remuant de temps en temps.

Faire égoutter les morceaux de viande et réserver la marinade. Dans une casserole, délayer la fécule de maïs et 2 cuillerées à soupe d'eau; ajouter ce mélange à la marinade en tournant. Faire chauffer en tournant jusqu'à épaississement. Trancher le poivron vert en carrés de 2,5 cm. Embrocher en alternant les carrés de poivron et les morceaux de porc sur 6 brochettes. Faire griller à feu moyen pendant 6 ou 8 minutes. Tourner les brochettes et laisser griller pendant 6 ou 8 autres minutes, en les badigeonnant de sauce de temps en temps. Servir la sauce qui reste à table. Donne 6 portions.

JAMBON GRILLÉ À L'ORANGE ET AU GINGEMBRE

60	mL de jus d'orange concentré décongelé
60	mL de vin blanc sec
1	cuillerée à thé de moutarde en poudre
¼	cuillerée à thé de gingembre moulu
1	tranche de jambon cuit (entre 750 g et 1 kg), d'une épaisseur de 2,5 cm
6	rondelles d'ananas en conserve
	quelques tranches d'orange (facultatif)

Mélanger le jus d'orange concentré, le vin, la moutarde et le gingembre. Pratiquer des incisions dans la bordure de gras de la tranche de jambon, badigeonner de sauce. Faire griller à feu moyen pendant 10 à 15 minutes, en badigeonnant de sauce à quelques reprises. Tourner la tranche de jambon et laisser griller pendant 10 ou 15 autres minutes, en badigeonnant de sauce. Faire griller les rondelles d'ananas en les badigeonnant souvent de sauce et les déposer sur le jambon pendant les 5 ou 10 dernières minutes de cuisson. Garnir de tranches d'orange, au goût. Donne 6 portions.

JAMBON EN SAUCE AUX CANNEBERGES

1	boîte de gelée de canneberges en conserve
2	cuillerées à soupe de sauce pour accompagner le steak (du commerce)
1	cuillerée à soupe d'huile
2	cuillerées à thé de sucre brut

1 cuillerée à thé de moutarde préparée
1 tranche de jambon cuit (750 g),
        d'une épaisseur de 2,5 cm

Mélanger la gelée de canneberges, la sauce pour le steak, l'huile, le sucre brut et la moutarde préparée. Fouetter à l'aide d'un batteur à main ou d'un batteur à oeufs jusqu'à obtention d'un mélange homogène.

Pratiquer des incisions dans la bordure de gras. Faire cuire à feu moyen pendant 10 ou 15 minutes, en badigeonnant de sauce de temps en temps. Tourner la tranche de jambon et laisser griller pendant 10 ou 15 autres minutes, en badigeonnant de sauce. Faire chauffer la sauce qui reste en posant la casserole sur le gril et servir avec le jambon. Donne 4 ou 5 portions.

JAMBON GLACÉ AUX FRUITS

gelée à l'abricot ou gelée
        aux raisins
1 tranche de jambon cuit (750 g),
        d'une épaisseur de 2,5 cm

Préparer l'un ou l'autre des sirops aux fruits. Pratiquer des incisions dans la bordure de gras, de sorte que la tranche ne s'enroule pas sur elle-même. Déposer la tranche dans un plat peu profond et y verser le sirop. Couvrir et réfrigérer pendant la nuit ou laisser mariner pendant 2 heures à température ambiante, en nappant le jambon à plusieurs reprises. Enlever la tranche du plat et réserver le sirop.

Faire griller le jambon à feu moyen pendant 10 ou 15 minutes en le badigeonnant de sirop de temps en temps. Tourner la tranche et laisser cuire pendant 10 ou 15 autres minutes, et badigeonner souvent. Faire chauffer le sirop qui reste dans une petite casserole posée sur le gril. Au moment de servir, trancher le jambon et napper de sirop chaud. Donne 6 portions.

Sirop à l'abricot: Mélanger dans une casserole 125 mL de gelée à l'abricot, 2 cuillerées à soupe de moutarde préparée, 1 cuillerée à soupe d'eau, 2 cuillerées à thé de jus de citron, 1 cuillerée à thé de sauce Worcestershire et ⅛ cuillerée à thé de cannelle moulue. Faire chauffer en tournant de temps en temps, jusqu'à ce que la gelée ait fondu.

Sirop aux raisins: Mélanger dans une casserole 125 mL de gelée aux raisins, 2 cuillerées à soupe de moutarde préparée, 1½ cuillerée à thé de jus de citron et ⅛ cuillerée à thé de cannelle moulue.

Faire chauffer en tournant de temps en temps, jusqu'à ce que la gelée ait fondu.

JAMBON EN SAUCE À L'ORANGE

```
  1   jambon de 2,5 kg cuit et désossé, en
          conserve
300   g de gelée de groseilles
 60   mL de sirop de maïs allégé
  2   cuillerées à soupe de fécule de maïs
  1   cuillerée à thé de zeste d'orange
125   mL de jus d'orange
  ¾   cuillerée à thé de muscade moulue
      tranches d'orange
      quelques brins de persil
```

Insérer la broche à rôtissage au centre du jambon, régler les fourchons et s'assurer d'un bon équilibre. Insérer le thermomètre à viande au centre du jambon, sans qu'il ne touche à la broche. Disposer des briquettes moyennement chaudes de chaque côté de la lèchefrite. Fixer la broche et placer la lèchefrite sous le jambon. Actionner le moteur et abaisser le couvercle ou couvrir de papier alu. Faire griller le jambon à feu moyen pendant 1 heure ou 1 heure et quart, jusqu'à ce que le thermomètre indique 60° C. (Si le barbecue n'est pas doté d'un tournebroche, lire la note ci-dessous.) Pendant ce temps, mélanger dans une casserole la gelée, le sirop de maïs, la fécule de maïs, le zeste et le jus d'orange, et la muscade. Faire cuire en tournant souvent jusqu'à ce que la sauce épaississe. Badigeonner souvent le jambon pendant les 15 dernières minutes de cuisson. Faire chauffer la sauce qui reste et servir avec le jambon. Garnir le jambon de tranches d'orange et de brins de persil. Donne 12 portions.

Note: Si le barbecue n'est pas doté d'un tournebroche, poser le jambon sur le gril, au-dessus d'une lèchefrite. Abaisser le couvercle ou recouvrir de papier alu. Faire griller le jambon à feu moyen pendant 1 heure. Soulever le couvercle ou le papier alu et tourner le jambon. Insérer le thermomètre à viande et badigeonner de sauce. Recouvrir de papier alu. Laisser cuire jusqu'à ce que le thermomètre indique 60° C, soit environ 30 minutes de plus.

JAMBON AIGRE-DOUX

 1 jambon de 2,5 kg cuit et désossé, en
      conserve
 1 boîte de rondelles d'ananas (600 g)
60 mL de xérès sec ou de vin blanc sec
 3 cuillerées à soupe de vinaigre
 2 cuillerées à soupe de sauce soya
 2 cuillerées à soupe de miel
 1 cuillerée à soupe d'huile
 1 gousse d'ail émincée
 1 pincée de sel
 2 petits poivrons verts,
      tranchés en carrés de 4 cm
12 tomates-cerises
 2 citrons verts, en quartiers

Insérer la broche à rôtissage au centre du jambon, régler les fourchons et s'assurer d'un bon équilibre. Insérer le thermomètre à viande au centre du jambon, sans qu'il ne touche à la broche. Disposer des morceaux de charbon moyennement chauds de chaque côté de la lèchefrite. Fixer la broche et placer la lèchefrite sous le jambon. Actionner le moteur et abaisser le couvercle ou couvrir de papier alu. Faire griller le jambon à feu moyen pendant 1 heure ou 1 heure et quart, jusqu'à ce que le thermomètre indique 60° C. (Si le barbecue n'est pas doté d'un tournebroche, lire la note ci-dessous.) Pendant ce temps, faire égoutter les rondelles d'ananas et réserver 160 mL de sirop. Mettre de côté les rondelles d'ananas égouttées. Mélanger dans une casserole le sirop de l'ananas, le xérès, le vinaigre, la sauce soya, le miel, l'huile, l'ail et le sel. Amener au point d'ébullition et faire réduire jusqu'à ce qu'il en reste 160 mL (environ 10 minutes), en remuant de temps en temps. Pendant les 30 dernières minutes de cuisson, badigeonner souvent le jambon et verser la sauce qui reste dans une saucière. Avant de servir, trancher en 4 parties chaque rondelle d'ananas. Embrocher sur 12 bâtonnets de bambou les carrés de poivrons verts, les morceaux d'ananas, les tomates-cerises et les quartiers de citrons verts. Servir avec le jambon. Donne 12 portions.

KEBABS AU JAMBON ET AUX FRUITS

1	boîte d'ananas en conserve (240 g)
125	mL de ketchup très épicé
125	mL de marmelade à l'orange
2	cuillerées à soupe d'oignon haché fin
1	cuillerée à soupe d'huile
1	ou 1½ cuillerée à thé de moutarde en poudre
1	kg de jambon cuit, désossé, tranché en cubes de 2,5 cm
2	oranges coupées en quartiers
1	pot de pommes sauvages épicées (500 g)

Faire égoutter les rondelles d'ananas et réserver ⅓ tasse de sirop. Trancher chaque rondelle en 4. Mélanger dans une casserole le sirop à l'ananas, le ketchup, la marmelade, l'oignon, l'huile et la moutarde en poudre. Faire mijoter à découvert pendant 15 minutes environ, en remuant à 1 ou 2 reprises.

Embrocher tour à tour les cubes de jambon et les quartiers d'orange sur 6 brochettes. Faire griller à feu moyen pendant 15 minutes en les tournant fréquemment et en les badigeonnant de sauce. Piquer les pommes sauvages et les morceaux d'ananas aux extrémités des brochettes. Laisser griller jusqu'à ce que les fruits soient bien chauds, soit 5 ou 10 minutes de plus, en retournant souvent les brochettes et en les badigeonnant de sauce. Donne 6 portions.

MORTADELLE GLACÉE À L'ANANAS

  80 mL de confiture à l'ananas
125 mL de sucre brut
  60 mL de jus de citron
  60 mL de moutarde préparée
      clous de girofle complets
   3 boîtes de mortadelle en conserve
      (360 g chacune)

Mélanger la confiture, le sucre brut, le jus de citron et la moutarde. Pratiquer des incisions diagonales peu profondes sur les morceaux de viande de manière à former des losanges. (On peut employer une bande de papier pour tracer les repères en parallèle.) Piquer la viande de clous de girofle. Insérer la broche à rôtissage au centre de chaque pièce de mortadelle, régler les fourchons et s'assurer d'un bon équilibre. Disposer des morceaux de charbon ardents de chaque côté de la lèchefrite, fixer la broche, placer la lèchefrite sous les pièces de viande; actionner le moteur et abaisser le couvercle ou couvrir de papier alu. Laisser griller à feu ardent pendant 35 ou 40 minutes. Au cours des 10 dernières minutes de cuisson, badigeonner souvent de sauce. Servir à table la sauce qui reste. Donne entre 10 et 12 portions.

POMMES DE TERRE FOURRÉES À LA MORTADELLE

4 grosses pommes de terre
   huile
1 boîte de mortadelle en conserve (360 g)
4 tranches de fromage américain, tranchées à
     la diagonale (90 g)
   parmesan râpé
   beurre ou margarine

Enduire les pommes de terre d'huile. Envelopper chacune d'elles dans un rectangle de papier alu de 30 cm par 45 cm; replier les extrémités. Mettre à griller à feu moyennement chaud pendant 90 minutes en les tournant souvent. (On peut aussi les mettre à cuire sur un gril couvert à feu moyennement lent pendant 1 heure et demie ou 2 heures.)

Enlever les pommes de terre du feu et les développer. Trancher chacune d'elles à la diagonale de manière à former un X. Trancher la viande en 2 parties à la diagonale; puis trancher chaque morceau en 6 parties à la diagonale. Insérer les tranches de viande entre les morceaux de pommes de terre. Assembler les pommes de terre, les envelopper de nouveau dans le papier alu et replier solidement. (On peut aussi employer de fines brochettes pour les assembler; dans ce cas, on n'utilise pas de papier alu.)

Mettre à griller pendant 10 ou 15 autres minutes et les tourner à 2 reprises. Développer et poser 2 tranches de fromage formant triangle sur chaque pomme de terre. Saupoudrer de parmesan, servir avec du beurre. Donne 4 portions.

KEBABS À LA MORTADELLE ET AUX LÉGUMES

  3 patates douces de grosseur moyenne
  1 boîte de choux de Bruxelles surgelés (270 g)
  1 boîte de mortadelle (360 g)
125 mL d'huile
 60 mL de vinaigre
  ½ cuillerée à thé de graines de céleri
  1 sachet de vinaigrette à la française
  4 à 8 tomates-cerises

Faire cuire les patates douces pendant 25 ou 30 minutes dans assez d'eau bouillante salée pour les couvrir, puis les faire égoutter. Laisser refroidir, peler et trancher en cubes de 2,5 cm. Mettre les choux de Bruxelles à bouillir dans de l'eau salée pendant 5 minutes, puis les faire égoutter. Trancher la mortadelle en cubes de 2,5 cm. Mélanger dans un bol l'huile, le vinaigre, les graines de céleri, le mélange à vinaigrette et un soupçon de poivre. Y mettre les cubes de viande et les choux. Couvrir le bol et réfrigérer pendant 4 à 6 heures en remuant souvent. Faire égoutter et réserver la marinade. Embrocher les cubes de mortadelle, les choux et les patates douces sur 4 brochettes. Mettre à griller à feu chaud pendant 5 minutes, tourner et piquer les tomates-cerises aux extrémités des brochettes. Laisser griller pendant 5 autres minutes en badigeonnant souvent de marinade. Donne 4 portions.

MORTADELLE POÊLÉE

```
  1  boîte de mortadelle en conserve (360 g)
  1  boîte de haricots verts en conserve (500 g)
375  mL d'eau
  1  sac de pommes de terre sautées aux
        oignons (165 g)
  1  boîte de lait condensé non sucré (160 mL)
  1  pot de fromage fondu parfumé au hickory
        (150 g)
```

Trancher la mortadelle en bandes. Mélanger dans un poêlon la mortadelle, les morceaux de haricots verts non égouttés, l'eau, les pommes de terre, le lait, le fromage fondu et un soupçon de poivre. Couvrir et mettre à cuire sur des braises moyennement chaudes en remuant de temps en temps. Faire chauffer jusqu'à ce que la sauce bouillonne et que les pommes de terre soient tendres, soit 10 minutes environ. Donne 4 portions.

Volaille

DINDE FUMÉE AU BOIS DE HICKORY

```
     copeaux de hickory
  1  dinde de 6 kg
  1  cuillerée à soupe de sel
 60  mL d'huile
```

Environ 1 heure avant la cuisson, mettre à tremper les copeaux de hickory dans suffisamment d'eau pour les couvrir. Les égoutter. Rincer la dinde et l'éponger à l'aide d'un essuie-tout. Frotter de sel son intérieur. A l'aide d'une brochette, fixer la peau du cou au dos. Entrer le bout des ailes sous l'articulation des épaules. Enfoncer les pilons sous une bande de peau ou les fixer au croupion.

Disposer des morceaux de charbon sous le pourtour de la grille, dont le degré de chaleur est moyennement faible. Répandre des copeaux de hickory humides sur les braises. Poser une lèchefrite en papier alu sur le gril, non pas sur les braises. Déposer la dinde dans la lèchefrite sur le dos et badigeonner la poitrine d'huile. Insérer un thermomètre à viande au centre du muscle de la cuisse en prenant garde qu'il ne touche l'os. Abaisser le couvercle du barbecue. Laisser griller à feu moyennement lent jusqu'à ce que le thermomètre indique 85° C, soit entre 3 heures et demie et 4 heures et demie. Ajouter des copeaux de hickory sur les braises aux 20 ou 30 minutes. Badigeonner souvent la dinde avec de l'huile. Ajouter des morceaux de charbon, s'il y a lieu. Laisser reposer 15 minutes avant de découper. Donne 12 portions.

DINDE AU CITRON

1 dinde de 3 kg ou 3,5 kg
60 mL d'huile
60 mL de sauce soya
60 mL d'oignon haché fin
1 cuillerée à thé de sucre
1 cuillerée à thé de curcuma moulu
1 cuillerée à thé de gingembre moulu
½ cuillerée à thé de zeste de citron
2 cuillerées à soupe de jus de citron

Demander au boucher de trancher la dinde surgelée en 2 sur le sens de la longueur; la faire décongeler. La trancher en morceaux: 2 ailes, 2 pilons, 2 cuisses, 4 morceaux de poitrine et 2 morceaux de dos.

Mélanger dans un grand sac en plastique l'huile, la

sauce soya, l'oignon, le sucre, le curcuma, le gingembre, le zeste et le jus de citron. Mettre les morceaux de dinde dans le sac et le fermer.

Faire mariner au réfrigérateur pendant 6 heures ou, mieux, toute la nuit. Égoutter et réserver la marinade. Faire cuire les cuisses et les morceaux de poitrine à feu lent sur un gril couvert pendant 30 minutes environ, en tournant les morceaux de temps en temps. Ajouter les pilons, les ailes et les morceaux de dos. Couvrir et laisser cuire pendant 1 heure environ, en tournant les morceaux de temps en temps. Pendant les 15 dernières minutes de cuisson, badigeonner la dinde avec la sauce qui reste. Donne de 6 à 8 portions.

RÔTI DE DINDE FUMÉE

    copeaux de hickory
1 rôti de dinde, désossée, pesant
    entre 1,5 kg et 2 kg
60 mL d'huile
1 cuillerée à soupe de persil haché
2 cuillerées à thé de sauge séchée
¼ cuillerée à thé de marinade au poivre
    citronné

Environ 1 heure avant la cuisson, mettre à tremper les copeaux de hickory dans suffisamment d'eau pour les couvrir. Les faire égoutter. Insérer la broche à rôtissage au centre du rôti, régler les fourchons et s'assurer d'un bon équilibre. Insérer le thermomètre à viande au centre du rôti, en s'assurant qu'il ne touche pas à la broche. Disposer des morceaux de charbon peu ardents de chaque côté de la lèchefrite. Fixer la broche et placer la lèchefrite sous le rôti. Actionner le moteur. Poser une petite casserole contenant de l'eau sur le feu, qui fera de la vapeur en cours de cuisson. Répandre des copeaux de hickory humides sur les morceaux de charbon, abaisser le couvercle ou couvrir de papier alu. Faire griller le rôti à feu lent jusqu'à ce que le thermomètre indique 85° C, soit pendant 2 heures et demie ou 3 heures. Badigeonner de temps en temps avec le mélange d'huile, de persil, de sauge et de poivre ci-tronné. Ajouter des copeaux de hickory aux 20 minutes. Attendre 10 minutes avant de découper le rôti. Donne de 8 à 10 portions.

RÔTI DE DINDE AU ROMARIN

> 6 cuillerées à soupe de beurre fondu
>   ou de margarine
> 60 mL de vin blanc sec
> 1 gousse d'ail émincée
> ½ cuillerée à thé de romarin séché
> 1 rôti de dinde désossé de 2,5 kg ou 3 kg
>   sel
>   poivre

Mélanger 4 cuillerées à soupe de beurre, le vin, l'ail et le romarin. Laisser reposer à température ambiante pour que les saveurs se marient.

Insérer la broche à rôtissage au centre du rôti. Régler les fourchons et s'assurer d'un bon équilibre. Insérer le ther-momètre à viande au centre du rôti, en prenant garde qu'il ne touche la broche. Badigeonner le rôti avec les 2 cuillerées à soupe de beurre qui restent, saler et poivrer. Disposer des morceaux de charbon très chauds de chaque côté de la lèchefrite. Fixer la broche et placer la lèchefrite sous le rôti. Actionner le moteur. Faire griller le rôti à feu très chaud jusqu'à ce que le thermomètre indique 85° C, soit pendant 2 heures et demie ou 3 heures. Pendant la dernière demi-heure de cuisson, badigeonner le rôti de sauce au vin. Donne de 16 à 18 portions.

COQUELETS DE CORNOUAILLES EN SAUCE AIGRE-DOUCE

> 4 coquelets de Cornouailles de 750 g chacun
>   sel
>   poivre
> 60 mL de beurre fondu ou de margarine

1 pot de sauce aigre-douce (250 mL)
1 boîte de tomates en conserve, hachées (240 g)
1 cuillerée à thé de sauce soya
6 fines tranches de citron coupées en 2

Assaisonner l'intérieur des coquelets de sel et de poivre.
Fermer les extrémités à l'aide de fines broches. Embrocher
chacun des coquelets à la diagonale, sous le bréchet. A
l'aide de 4 ficelles de 50 cm, ficeler les bouts des coquelets
en croisant les pattes. Passer la ficelle autour du dos, passer
de travers et contourner l'oiseau, puis passer sur la poitrine
à la diagonale, afin de bien attacher les ailes. Nouer et
couper la ficelle. Embrocher les coquelets à environ 2,5 cm
d'intervalles et les solidifier à l'aide des fourchons. S'assurer
d'un bon équilibre. Disposer des morceaux de charbon ardents de chaque côté de la lèchefrite. Fixer la broche à
rôtissage et placer la lècherite sous les coquelets. Actionner
le moteur. Faire griller jusqu'à ce que les articulations des
cuisses se défassent, soit 45 minutes environ. Badigeonner
souvent de beurre fondu.

Pendant ce temps, mélanger dans une casserole la sauce
aigre-douce, les tomates, la sauce soya et les tranches de citron; amener au point d'ébullition. Faire griller les coquelets
pendant 15 autres minutes et badigeonner souvent de
sauce. Servir la sauce qui reste à table. Donne 4 portions.

COQUELETS DE CORNOUAILLES FARCIS AU RIZ

1   sachet de riz sauvage et à grains longs (180 g)
60 mL de raisins
2   cuillerées à soupe de beurre fondu
     ou de margarine
2   cuillerées à soupe d'amandes blanchies et effilées
½   cuillerée à thé de sauge moulue
     sel
4   coquelets de Cornouailles (entre 500 g et 750 g)
¼   tasse de beurre fondu ou de margarine

Faire cuire le riz selon le mode d'emploi paraissant sur
l'emballage; ajouter en tournant les raisins, 2 cuillerées à

soupe de beurre, les amandes et la sauge. Saler l'intérieur des coquelets. Fixer la peau du cou au dos à l'aide d'une fine brochette. Farcir chaque oiselet avec environ 180 mL de riz; couvrir l'ouverture de papier alu. Ficeler les cuisses au croupion et faire glisser le bout des ailes derrière le dos. Badigeonner les coquelets avec 60 mL de beurre fondu. Disposer des morceaux de charbon moyennement chauds sous le pourtour du gril. Poser une lèchefrite en papier alu sur le gril, non pas sur le charbon. Mettre les coquelets dans la lèchefrite sans qu'ils ne se touchent. Faire griller à feu moyennement chaud jusqu'à ce qu'ils soient cuits, soit entre 90 et 105 minutes. Badigeonner de temps en temps avec le jus de cuisson. Donne 4 portions.

CANETON À LA CHINOISE

    copeaux de hickory
  1 caneton de 2 kg ou 2,5 kg
  6 ou 8 oignons verts hachés
  6 brins de persil
  1 gousse d'ail émincée
125 mL de sauce soya
  2 cuillerées à soupe de miel
  2 cuillerées à soupe de jus de citron
    sauce aux prunes (cf. recette suivante)

Environ 1 heure avant la cuisson, faire tremper les co- peaux de hickory dans suffisamment d'eau pour les couvrir, puis les mettre à égoutter. Farcir le caneton avec l'oignon, le persil et l'ail. Fermer l'orifice du cou à l'aide d'une fine brochette et ficeler les cuisses et le croupion. Faire chauf- fer dans une casserole la sauce soya, le miel et le jus de ci- tron. Disposer des morceaux de charbon peu ardents sous le pourtour du gril. Répandre des copeaux de hickory hu- mides sur les braises. Placer une lèchefrite en papier alu au centre du gril, non pas sur les braises. Poser le caneton, sur le dos, au centre de la lèchefrite. Abaisser le couvercle. Laisser griller pendant 2 heures et quart, 2 heures et demie. Ajouter des copeaux de hickory aux 30 minutes. Badigeonner souvent de sauce. Enlever le jus de cuisson de la lèchefrite au fur et à mesure. Servir avec de la sauce aux prunes. Donne 2 ou 3 portions.

Sauce aux prunes: Faire égoutter 1 boîte de prunes en conserve de 500 g et réserver 60 mL de leur sirop. Passer les prunes au tamis. Mélanger dans une casserole la purée de prunes, le sirop, ¼ cuillerée à thé de zeste d'orange, 3 cuillerées à soupe de jus d'orange, 2 cuillerées à soupe de sucre, ½ cuillerée à thé de sauce Worcestershire et ¼ de cuillerée à thé de cannelle moulue. Amener au point d'ébullition, réduire le feu et laisser mijoter pendant 10 minutes.

POULET GRILLÉ À L'ANANAS

      1 boîte d'ananas broyé en conserve (250 g)
    180 mL de sucre brut
      3 cuillerées à soupe de jus de citron
      1 cuillerée à soupe de moutarde préparée
      2 poulets de 1 kg ou 1,5 kg, coupés en 2
    125 mL d'huile
     1½ cuillerée à thé de sel
      ¼ cuillerée à thé de poivre

Faire égoutter l'ananas et réserver 2 cuillerées à soupe de son sirop. Mélanger l'ananas broyé, les 2 cuillerées de sirop, le sucre, le jus de citron et la moutarde. Rompre les ailes, les cuisses et les pilons; insérer le bout des ailes derrière le dos. Badigeonner généreusement d'huile, saler et poivrer. Mettre les poulets à griller à feu lent, la carcasse posée sur le gril jusqu'à ce qu'elle ait bruni, soit pendant 20 à 30 minutes. Tourner et laisser griller pendant 30 minutes environ. Tourner et badigeonner souvent les morceaux de poulet pendant les 10 dernières minutes de cuisson. Donne 4 portions.

POITRINES DE POULET FARCIES AU MAÏS

      8 poitrines de poulet
     60 mL d'oignon haché
     60 mL de céleri haché
      2 cuillerées à soupe de beurre
      1 boîte de grains de maïs égouttés (250 mL)

250 mL de préparation à farce épicée
1 oeuf légèrement fouetté
½ cuillerée à thé d'épices à volaille
¼ cuillerée à thé de sel
60 mL de beurre fondu

Découper les poitrines le long du cartilage à partir de la base du cou. A l'aide des 2 mains, retirer la carcasse des 2 morceaux. Exercer une pression du bout des doigts de manière à faire se décoller le bréchet, tout en s'assurant que la chair ne se déchire pas. Ne pas enlever la peau. Saler l'intérieur des morceaux. Mettre 2 cuillerées à soupe de beurre dans un poêlon et y faire cuire l'oignon et le céleri hachés jusqu'à ce qu'ils amollissent. Ajouter le maïs, la préparation à farce, l'oeuf, l'assaisonnement à volaille et le sel; bien mélanger. Farcir de ce mélange l'intérieur des morceaux de poulet. Replier et ficeler les morceaux ou les assujettir à l'aide d'une fine brochette. Mettre à griller à feu moyennement chaud pendant 30 ou 35 minutes, en tournant souvent. Badigeonner avec les 60 mL de beurre fondu pendant les 10 dernières minutes de cuisson. Donne 8 portions.

POULET TERIYAKI

125 mL de sucre brut
125 mL de sauce soya
2 cuillerées à soupe de saké, de mirin ou de
   xérès sec
1 cuillerée à soupe d'oignon râpé
1 gousse d'ail émincée
4 grosses poitrines de poulet désossées, en
   quartiers, sans la peau
   huile végétale en aérosol
   ou huile au choix

Mélanger dans une casserole le sucre brut, la sauce soya, le saké, l'oignon et l'ail. Mettre à cuire à feu doux en remuant jusqu'à ce que le sucre ait fondu. Continuer la cuisson à découvert pendant 5 minutes de plus, jusqu'à épaississement du liquide. Laisser refroidir. Mettre les morceaux de poulet dans un plat peu profond et y verser la marinade au soya. Couvrir et réfrigérer pendant 4 à 6 heures ou, mieux encore, toute la nuit, en nappant de marinade de temps en temps.

Enlever les morceaux de poulet du bol et réserver la marinade. Enduire le gril d'huile végétale en aérosol ou d'une huile de son choix. Mettre les morceaux de poulet à griller à feu moyennement chaud pendant 15 à 20 minutes en les tournant souvent. Badigeonner souvent de marinade. Donne 8 portions.

ROULEAUX DE POULET FARCIS À LA SAUCISSE

      6 grosses poitrines de poulet, désossées et
            sans la peau
      2 cuillerées à soupe d'oignon vert haché
      6 saucisses fumées, cuites
    125 mL de beurre
     60 mL de vin blanc ou de xérès
     60 mL de persil haché
     ½ cuillerée à thé de paprika
         huile

Placer chacune des poitrines de poulet entre 2 feuilles de papier ciré. Les aplatir à partir de leurs centres afin de former des croquettes de 20 cm². Enlever le papier ciré, saler les croquettes et saupoudrer chacune d'une cuillerée à thé d'oignon vert haché. Poser une saucisse à l'extrémité de chacune des croquettes, autour de laquelle on enroulera les croquettes comme s'il s'agissait d'un gâteau roulé. Il faut rouler bien serré et faire tenir à l'aide de cure-dents. Mélanger le beurre fondu, le vin, le persil et le paprika. Enduire le gril d'huile et y faire cuire les rouleaux de poulet, assujettis par des cure-dents, le joint posé contre le gril, pendant 15 minutes environ en les tournant souvent et en badigeonnant du mélange au beurre. Faire griller pendant 8 à 10 autres minutes, en retournant et en badigeonnant. Donne 6 portions.

POULET FARCI AUX COURGETTES

2	poulets entiers de 1 kg ou 1,5 kg, prêts à la cuisson
375	mL de bouillon de poulet
160	mL de riz ordinaire
500	mL de courgettes italiennes hachées
250	mL de carottes râpées
125	mL d'oignon haché
¾	cuillerée à thé de sel
⅛	cuillerée à thé de poivre
125	mL de bouillon de poulet
60	mL de parmesan râpé
1½	cuillerée à thé de cerfeuil séché
	huile

Saler l'intérieur des poulets. Mélanger dans une casserole 375 mL de bouillon de poulet et le riz. Amener au point d'ébullition et couvrir. Réduire le feu et laisser cuire pendant 14 minutes. Ne pas égoutter le riz. Dans une autre casserole, mélanger les courgettes, la carotte, l'oignon, le sel, le poivre et 125 mL de bouillon de poulet. Faire cuire en couvrant pendant 10 minutes environ. Ne pas égoutter. Ajouter en tournant le parmesan et le cerfeuil. Incorporer le riz. Farcir les poulets de riz. Fixer la peau du cou au dos des poulets à l'aide d'une brochette. Embrocher le premier poulet, puis le deuxième. Bien assujettir à l'aide des fourchons, en entrant les dents dans la chair. S'assurer d'un bon équilibre. Disposer des morceaux de charbon moyennement chauds autour de la lèchefrite qui se trouve sous les poulets. Actionner le moteur, abaisser le couvercle ou couvrir d'un papier alu. Badigeonner les poulets d'huile. Laisser cuire à feu moyen pendant 2 heures environ. Donne 8 portions.

POULET GLACÉ AUX FINES HERBES

>   2 poulets entiers de 1 kg ou 1,5 kg,
>   prêts à la cuisson
> 125 mL d'huile
>   60 mL de sirop de maïs allégé
> 180 mL d'oignon haché fin
>   1 cuillerée à soupe de jus de citron
>   1 cuillerée à thé d'origan séché
>   1 cuillerée à thé de graines de cumin
>   ½ cuillerée à thé de sel

Saler l'intérieur des poulets. Fixer la peau du cou au dos des poulets à l'aide d'une brochette. Embrocher le premier poulet, puis le deuxième. Bien assujettir à l'aide des fourchons, en entrant les dents dans la chair. S'assurer d'un bon équilibre. Disposer des morceaux de charbon moyennement chauds autour de la lèchefrite qui se trouve sous les poulets. Fixer la broche, actionner le moteur, abaisser le couvercle ou couvrir d'un papier alu. Laisser cuire à feu moyennement chaud pendant 90 ou 105 minutes environ. Pendant ce temps, mélanger les 7 autres ingrédients. En badigeonner le poulet de temps en temps pendant les 30 dernières minutes de cuisson. Donne 6 à 8 portions.

POULET GRILLÉ AU CARI

>   2 poulets entiers de 1 kg ou 1,5 kg,
>   prêts à la cuisson
> 125 mL d'huile
>   1 cuillerée à thé de zeste de citron vert
>   60 mL de jus de citron vert
>   1 cuillerée à soupe d'oignon râpé
>   1 gousse d'ail émincée
>   2 cuillerées à thé de cari en poudre
>   ½ cuillerée à thé de cumin moulu
>   ½ cuillerée à thé de coriandre moulue

½ cuillerée à thé de cannelle moulue
¼ cuillerée à thé de poivre
tranches de citron vert
persil

Diviser les poulets en quartiers. Rompre les ailes, les cuisses et les pilons, de sorte que les oiseaux puissent être posés à plat. Insérer le bout des ailes sous une bande de peau. Mélanger l'huile, le zeste et le jus de citron vert, l'oignon, l'ail, le cari, le cumin, la coriandre, la cannelle et le poivre. Mettre les poulets dans un grand sac en plastique que l'on pose dans un bol profond. Verser la marinade dans le sac, fermer et réfrigérer pendant 4 à 6 heures en tournant le sac régulièrement pour que les poulets soient bien imprégnés de marinade.

Retirer les poulets du sac et réserver la marinade. Poser les morceaux de poulets, les os contre le gril, sur un feu moyennement chaud. Laisser griller pendant 25 minutes environ. Tourner et laisser griller pendant 15 ou 20 autres minutes. Badigeonner souvent de marinade pendant les 10 dernières minutes de cuisson. Garnir de rondelles de citron vert et de brins de persil. Donne 8 portions.

PAPILLOTES AU POULET ET AUX LÉGUMES

4 pilons de poulet, sans la peau
4 cuisses de poulet, sans la peau
2 grosses pommes de terre, pelées, découpées en dés
1 boîte de carottes en tranches, égouttées (250 mL)
1 boîte de haricots verts coupés, égouttés (250 mL)
1 petit oignon tranché, en rondelles
4 cuillerées à soupe de beurre ou de margarine
½ cuillerée à thé d'estragon séché
½ cuillerée à thé de sel parfumé au bois de hickory

Déchirer 4 morceaux de papier alu très résistant faisant 45 cm². Mettre sur chaque morceau 1 pilon et 1 cuisse, puis saler et poivrer. Déposer quelques morceaux de pommes de terre, de carottes, de haricots et d'oignon. Garnir chaque papillote d'une cuillerée à soupe de beurre, saupoudrer d'estragon et de sel parfumé à l'hickory. Ramener les 4 coins des feuilles vers le centre, tordre le papier alu en prévoyant un espace pour la vapeur qui se formera. Mettre à griller les papillotes à feu lent pendant 1 heure environ. Donne 4 portions.

POULET GRILLÉ À LA SAUCE AU PIMENT

```
 60  mL d'oignon haché fin
  1  gousse d'ail émincée
  2  cuillerées à soupe d'huile
180  mL de ketchup
125  mL de vinaigre
  1  cuillerée à thé de zeste de citron
  1  cuillerée à soupe de jus de citron
  1  cuillerée à soupe de sauce Worcestershire
  2  cuillerées à thé de sucre
  1  cuillerée à thé de moutarde en poudre
 ½  cuillerée à thé de sel
 ¼  cuillerée à thé de poivre
 ¼  cuillerée à thé de sauce au piment
  2  poulets entiers de 1 kg ou 1,5 kg,
       prêts à la cuisson
```

Faire cuire l'oignon et l'ail dans de l'huile jusqu'à ce qu'ils amollissent, sans toutefois les laisser brunir. Ajouter en tournant le ketchup, le vinaigre, le zeste et le jus de citron, la sauce Worcestershire, le sucre, la moutarde en poudre, le sel, le poivre et la sauce au piment. Laisser mijoter en couvrant pendant 30 minutes environ en remuant de temps en temps. Diviser les poulets en quartiers. Rompre les ailes, les cuisses et les pilons, de sorte que les oiseaux puissent être posés à plat. Insérer le bout des ailes derrière le dos. Ajouter du sel et du poivre.

Poser les morceaux de poulet, les os contre le gril, sur un feu moyennement chaud. Laisser cuire pendant 25 minutes environ. Tourner et laisser griller pendant 15 ou 20 minutes de plus. Badigeonner de sauce pendant les 10 dernières minutes de cuisson. Donne 8 portions.

POULET À LA LIMONADE

  2 poulets entiers de 1 kg ou 1,5 kg,
     prêts à la cuisson
  1 boîte de limonade concentrée, surgelée
     (200 mL)
125 mL de sauce soya
  1 cuillerée à thé de sel assaisonné
  ½ cuillerée à thé de sel de céleri
  ⅛ cuillerée à thé de poudre d'ail

Trancher les poulets en bouchées. Mélanger dans un petit bol la limonade concentrée, la sauce soya, le sel assaisonné, le sel de céleri et la poudre d'ail. Bien mélanger. Faire tremper les morceaux de poulet dans la marinade. Poser les morceaux de poulet, les os contre le gril, sur un feu moyennement chaud. Laisser cuire pendant 25 minutes environ. Tourner et laisser griller pendant 15 ou 20 minutes de plus. Badigeonner de marinade pendant les 10 dernières minutes de cuisson. Donne 8 portions.

POULET À LA JAPONAISE

  4 grosses poitrines de poulet
 60 mL d'huile d'arachide ou autre
 60 mL de sauce soya
 60 mL de xérès sec
  1 cuillerée à soupe de sucre brut
  1 cuillerée à soupe de gingembre frais râpé
     ou 1 cuillerée à thé de gingembre moulu
  1 gousse d'ail émincée
  ½ cuillerée à thé de sel
 18 chapeaux de champignons frais
  3 courgettes italiennes moyennes, découpées
     en tranches de 2,5 cm (environ 18
     morceaux)

Découper les poitrines le long du cartilage à partir de la base du cou. A l'aide des 2 mains, retirer la carcasse des 2 morceaux. Exercer une pression du bout des doigts de manière à faire se décoller le bréchet. Découper la poitrine en 2 morceaux sur le sens de la longueur. Les aplatir à partir de leurs centres afin de former des croquettes de 13 cm². Découper en bandes de 2,5 cm de large. Mélanger les 7 ingrédients qui suivent. Mettre les morceaux de poulet dans un plat peu profond et y verser la marinade. Couvrir, réfrigérer pendant 4 à 6 heures, en nappant de marinade à l'occasion. Retirer les morceaux de poulet et réserver la marinade. Mettre les chapeaux de champignons dans un bol et y verser de l'eau bouillante. Laisser reposer pendant 1 minute, puis égoutter. Embrocher en alternant les morceaux de poulet, de courgettes et de champignons. Faire griller à feu moyennement chaud pendant 12 à 15 minutes; tourner et badigeonner souvent de marinade. Donne 6 portions.

KEBABS AU POULET ET AU BOEUF

500	g de steak dans la surlonge
1	boîte de rondelles d'ananas en conserve (450 g)
125	mL de ketchup
3	cuillerées à soupe de vinaigre
2	cuillerées à thé de bouillon de boeuf déshydraté
60	mL d'oignon haché fin
1	cuillerée à thé de graines de céleri
½	cuillerée à thé de cannelle moulue
¼	cuillerée à thé de quatre-épices moulue
1	feuille de laurier
12	petites ailes de poulet

Trancher la surlonge en morceaux de 2,5 cm. Égoutter les rondelles d'ananas et réserver le sirop. Couvrir et réfrigérer l'ananas. Ajouter de l'eau au sirop, s'il y a lieu, de manière à obtenir 180 mL de liquide; y ajouter le ketchup, le vinaigre, le bouillon en granules, l'oignon, les graines de céleri, la cannelle, la quatre-épices et la feuille de laurier. Mettre les morceaux de viande dans la marinade. Couvrir, réfrigérer pendant plusieurs heures en remuant de temps en temps. Égoutter les morceaux de viande et réserver la marinade. Trancher les rondelles d'ananas en quartiers et les placer par groupes de 2. Embrocher en alternant les morceaux de boeuf et de poulet. Faire griller à feu ardent pendant 20 minutes environ, en tournant et en badigeonnant de temps en temps avec la marinade. Faire chauffer la marinade qui reste et servir avec les kebabs. Donne 6 portions.

Poissons et fruits de mer

TRUITE AU VIN

```
  1  boîte de sauce tomate (450 mL)
125  mL de vin rouge sec
125  mL de beurre ou de margarine
  2  cuillerées à soupe de jus de citron
  2  cuillerées à soupe d'oignon vert haché fin
  1  cuillerée à thé de sucre
  1  cuillerée à thé de fines herbes séchées
 ½  cuillerée à thé de sel
     quelques gouttes de sauce au piment
  6  truites de ruisseau ou de lac ou 6 perches
        (environ 240 g chacune), entières et nettoyées
```

Mélanger dans une petite casserole la sauce tomate, le vin, le beurre, le jus de citron, l'oignon vert, le sucre, les fines herbes séchées, le sel et la sauce au piment. Faire cuire à feu doux sans couvrir pendant 10 à 15 minutes. Faire griller le poisson sur un feu plutôt chaud pendant 10 ou 12 minutes; tourner le poisson et laisser griller pendant 10 ou 12 minutes de plus. Badigeonner le poisson de sauce pendant les dernières minutes de cuisson. Servir en nappant de sauce chaude. Donne 6 portions.

POISSON POÊLÉ

   6 truites fraîches ou surgelées, nettoyées
        ou 6 poissons au choix (environ 180 g
        chacun)
160 mL de farine de maïs dorée
 60 mL de farine tout usage
  2 cuillerées à thé de sel
  1 cuillerée à thé de flocons de persil séché
 ½ cuillerée à thé de paprika
  1 boîte de lait condensé non sucré (260 mL)
     huile

Laisser dégeler le poisson, s'il est surgelé. Mélanger vigoureusement la farine de maïs, la farine tout usage, le sel, les flocons de persil et le paprika. Plonger le poisson dans le lait condensé et l'enfariner.

   Mettre à chauffer un peu d'huile dans un grand poêlon posé sur des braises ardentes. Faire cuire les poissons, disons 2 à la fois, dans l'huile chaude jusqu'à ce qu'ils aient bruni légèrement, soit de 4 à 5 minutes. Tourner et laisser cuire jusqu'à ce que la chair se détache facilement, soit 4 ou 5 minutes de plus. Ajouter de l'huile, s'il y a lieu. Avant de servir, poser les poissons frits sur des essuie-tout afin que l'huile soit absorbée. Donne 6 portions.

TRUITE FARCIE, FUMÉE AU BOIS DE HICKORY

    copeaux de hickory
 60 mL d'oignon haché
  2 cuillerées à soupe de beurre ou de
       margarine
 60 mL d'abricots séchés, hachés
  3 cuillerées à soupe de jus d'orange
  1 cuillerée à thé de sucre
  1 cuillerée à thé de bouillon de poulet
      déshydraté

¼ cuillerée à thé de sel de céleri
500 mL de pain sec en cubes (2½ tranches)
  2 cuillerées à soupe d'amandes en lamelles
      grillées
  1 truite de lac entière, nettoyée
      ou 1 brochet
      huile

Environ 1 heure avant la cuisson, mettre à tremper les copeaux de hickory dans suffisamment d'eau pour les couvrir; égoutter. Faire cuire l'oignon dans du beurre jusqu'à
ce qu'il amollisse, sans toutefois le faire brunir. Ajouter en
tournant les morceaux d'abricots, le jus d'orange, le sucre,
le bouillon déshydraté et le sel de céleri. Retirer le poêlon
du feu. Ajouter les cubes de pain sec et les lamelles d'a-
mandes; remuer quelque peu. Farcir le poisson et badigeonner les écailles avec un peu d'huile.

Disposer des morceaux de charbon peu ardents sous le
pourtour du gril et les couvrir généreusement de copeaux
de hickory humides. Poser une lèchefrite en papier alu au
centre du gril, non pas sur les braises. Abaisser le couvercle. Laisser griller le poisson jusqu'à ce que la chair se détache facilement, soit 1 heure et quart environ. Ajouter des
copeaux de hickory aux 20 minutes. Donne 8 portions.

POISSON GRILLÉ

750 g de poisson frais ou surgelé, en darnes ou
      en filets ou 4 poissons prêts à cuire
      (environ 240 g chacun)
125 mL d'huile
  1 cuillerée à soupe de sauce Worcestershire
  ½ cuillerée à thé de sel d'oignon
  ⅛ cuillerée à thé de poivre
      quartiers de citron

Faire dégeler les poissons, s'ils sont surgelés. Découper les
darnes ou les filets en 4 parties. (S'il s'agit de poissons prêts
à cuire, couvrir les queues de papier alu graissé, saler et
poivrer l'intérieur de chacun.) Mélanger l'huile, la sauce

Worcestershire, le sel d'oignon et le poivre. Mettre les poissons dans un panier en broche généreusement graissé; badigeonner les poissons d'huile épicée.

Faire griller à feu moyennement chaud pendant 5 à 8 minutes. Badigeonner d'huile, tourner et badigeonner l'autre côté. Laisser cuire jusqu'à ce que la chair se détache facilement, soit de 5 à 8 minutes de plus. Servir avec des quartiers de citron. Donne 4 portions.

FILETS DE POISSON CROUSTILLANTS

180 mL de flocons de maïs finement concassés
 80 mL de graines de sésame grillées (60 g)
500 g de filets de poisson
   2 cuillerées à soupe de sauce soya
      sel
      poivre
125 mL de crème sure

Mélanger les flocons de maïs concassés et les graines de sésame. Badigeonner les filets de sauce soya. Saler et poivrer.

Napper un côté de chacun des filets de crème sure, les passer dans la chapelure. Refaire de même de l'autre côté. Mettre les filets dans un panier en broche bien graissé. Faire griller à feu moyennement chaud pendant 8 minutes environ. Tourner le panier et continuer la cuisson pendant 8 autres minutes, jusqu'à ce que la chair des poissons se détache facilement. Donne 4 portions.

FILETS DE PERCHE MARINÉS EN SAUCE SOYA

 1 kg de filets de perche frais ou surgelés
80 mL d'huile
 3 cuillerées à soupe de sauce soya
 2 cuillerées à soupe de vinaigre de vin
 2 cuillerées à soupe d'oignon haché fin

Faire décongeler les filets, s'ils sont surgelés. Mettre les filets dans un sac en plastique que l'on posera dans un grand bol. Mélanger l'huile, la sauce soya, le vinaigre de vin et l'oignon haché fin. Verser la marinade dans le sac et le fermer. Laisser mariner les filets pendant 30 à 60 minutes à température ambiante, en remuant le sac de temps en temps. Égoutter les filets et réserver la marinade.

Mettre les filets dans un panier en broche bien graissé. Faire griller à feu moyennement chaud pendant 8 ou 9 minutes. Tourner le panier et badigeonner de marinade. Continuer la cuisson pendant 6 à 8 autres minutes, jusqu'à ce que la chair se détache facilement. Donne 6 portions.

POISSON EN PANIER

 80 mL de farine tout usage
 ½ cuillerée à thé de sel
 ⅛ cuillerée à thé de poivre
  4 truites de lac ou de ruisseau complètes, prêtes à cuire ou 4 perches (environ 360 g chacune)
 60 mL de beurre fondu ou de margarine

Mélanger dans un bol la farine, le sel et le poivre. Enfariner les poissons. Mettre les poissons dans un panier en broche bien graissé.

Faire griller à feu ardent pendant 10 minutes environ. Tourner le panier et badigeonner de beurre fondu. Poursuivre la cuisson jusqu'à ce que la chair se détache facilement, soit environ 10 minutes de plus. Badigeonner souvent de beurre. Donne 4 portions.

SAUMON FARCI AU RIZ SAUVAGE

     copeaux de hickory
 500 mL de bouillon de poulet
  60 mL d'oignon haché fin
 250 mL de riz sauvage, passé sous l'eau
   1 cuillerée à soupe de beurre ou de margarine
   1 cuillerée à soupe de persil haché
   1 saumon nettoyé de 3 kg
     beurre fondu

Environ 1 heure avant la cuisson, mettre à tremper les copeaux de hickory dans suffisamment d'eau pour les couvrir; égoutter. Mélanger dans une casserole le bouillon de poulet et l'oignon; amener au point d'ébullition. Ajouter le riz sauvage et baisser le feu. Couvrir et laisser mijoter jusqu'à ce que le riz ait entièrement absorbé le bouillon, soit 40 minutes environ. Ajouter en tournant 1 cuillerée à soupe de beurre et le persil haché. Farcir le saumon et refermer à l'aide d'une fine brochette ou ficeler.

Disposer des morceaux de charbon peu ardents sous le pourtour du gril et les couvrir de copeaux de hickory humides. Poser une lèchefrite en papier alu au centre du gril, non pas sur les braises. Poser le saumon sur la lèchefrite.

Abaisser le couvercle. Laisser griller le poisson jusqu'à ce que la chair se détache facilement, environ 1 heure et quart ou 1 heure et demie. Badigeonner de beurre fondu. Ajouter des copeaux de hickory aux 20 minutes. Donne 10 portions.

SAUMON FUMÉ FARCI AUX FINES HERBES

      copeaux de hickory
125 mL de céleri haché fin
 60 mL d'oignon haché
  3 cuillerées à soupe de beurre ou de margarine
  1 kg de farce aux croûtons aux fines herbes
  2 cuillerées à soupe de persil haché
  ½ cuillerée à thé de zeste de citron
  1 cuillerée à soupe de jus de citron
  ½ cuillerée à thé de sel
      soupçon de poivre
  1 saumon nettoyé de 4 kg
125 mL de beurre fondu ou de margarine

Environ 1 heure avant la cuisson, mettre à tremper les copeaux de hickory dans suffisamment d'eau pour les couvrir; égoutter. Faire cuire dans une casserole le céleri et l'oignon dans 3 cuillerées à soupe de beurre jusqu'à ce qu'ils amollissent, sans toutefois les faire brunir. Verser sur la farce aux croûtons. Ajouter le persil, le zeste et le jus de citron, le sel et le poivre. Remuer les ingrédients de sorte qu'ils soient bien liés. Farcir le saumon et refermer à l'aide d'une fine brochette ou ficeler.

Disposer des morceaux de charbon peu ardents sous le pourtour du gril et les couvrir de copeaux de hickory humides. Poser une lèchefrite en papier alu au centre du gril, non pas sur les braises. Poser le saumon sur la lèchefrite. Abaisser le couvercle. Laisser griller le poisson jusqu'à ce que la chair se détache facilement, environ 1 heure et quart ou 1 heure et demie. Badigeonner de beurre fondu. Ajouter des copeaux de hickory aux 20 minutes. Donne 10 à 12 portions.

KEBABS DE FLÉTAN

   darnes de flétan (360 g environ)
60 mL d'huile
60 mL de vermouth sec
60 mL de jus de citron
 1 cuillerée à thé de sel
 1 cuillerée à thé d'origan séché
 1 petite gousse d'ail émincée
 6 chapeaux de champignons
 1 gros poivron vert
12 tomates-cerises

Découper les darnes en morceaux de 2,5 cm. Mélanger dans un bol le vermouth, le jus de citron, le sel, l'origan et l'ail. Faire tremper les morceaux de flétan dans la marinade. Couvrir et laisser mariner à température ambiante pendant 1 heure environ. Faire égoutter et réserver la marinade. Mettre les chapeaux de champignons dans un bol et les ébouillanter. Les laisser tremper pendant 1 minute, puis les égoutter. Trancher le poivron vert en carrés de 2,5 cm. Sur 6 brochettes, enfiler en les alternant les morceaux de flétan, les carrés de poivron et les tomates-cerises; aux extrémités, piquer les chapeaux de champignons. Faire griller les kebabs à feu moyen pendant 8 à 10 minutes, en les tournant et les badigeonnant souvent de marinade. Donne 6 portions.

DARNES DE FLÉTAN GRILLÉES

125 mL de concombre râpé avec sa pelure
125 mL de crème sure
 60 mL de mayonnaise ou de vinaigrette
  1 cuillerée à soupe de ciboulette hachée
  2 cuillerées à thé de jus de citron
  ¼ cuillerée à thé de sel
     soupçon de poivre
  1 kg de darnes de flétan ou d'un autre poisson
 60 mL de beurre ou de margarine
  1 cuillerée à thé de sel
  ⅛ cuillerée à thé de poivre
     paprika

Mélanger le concombre râpé, la crème sure, la mayonnaise
(ou la vinaigrette), la ciboulette, le jus de citron, ¼ cuillerée
à thé de sel et un soupçon de poivre. Bien lier les ingrédients et refroidir au réfrigérateur.

Découper les darnes de poisson en 6 portions. Les mettre dans un panier en broche bien graissé. Mettre le
beurre dans une casserole pour le faire fondre et y ajouter
1 cuillerée à thé de sel et ⅛ cuillerée à thé de poivre.

Faire griller le poisson à feu moyennement chaud pendant 5 à 8 minutes, en le badigeonnant de beurre fondu de
temps en temps. Tourner et badigeonner de nouveau.
Laisser griller le poisson jusqu'à ce que la chair se détache
facilement, environ 5 à 8 minutes de plus. Saupoudrer de
paprika et servir avec la sauce au concombre bien fraîche.
Donne 6 portions.

CREVETTES GRILLÉES AU CHARBON DE BOIS

  1 kg de grosses crevettes, décortiquées et
     nettoyées (fraîches ou surgelées)
125 mL d'huile d'olive ou autre
125 mL d'oignon haché fin
125 mL de vin blanc sec

60 mL de jus de citron
60 mL de persil haché fin
 1 cuillerée à soupe de sauce Worcestershire
 1 cuillerée à thé de graines d'aneth
 ½ cuillerée à thé de sel

Faire décongeler les crevettes, s'il y a lieu. Mélanger l'huile, l'oignon, le vin, le jus de citron, le persil, la sauce Worcestershire, les graines d'aneth et le sel. Mettre les crevettes dans un sac en plastique que l'on pose dans un grand bol et y verser la marinade. Fermer le sac et mettre au réfrigérateur pendant 3 ou 4 heures. Égoutter les crevettes et réserver la marinade.

Mettre les crevettes dans un panier en broche bien graissé ou sur une feuille de papier alu très résistant faisant 60 cm par 45 cm. Faire griller à feu ardent pendant 15 à 20 minutes, en tournant souvent le panier (ou les crevettes) et en les badigeonnant de marinade. Donne 6 portions.

KEBABS AUX CREVETTES

   1 boîte de sauce tomate (240 g)
250 mL d'oignon haché
125 mL d'eau
 60 mL de sucre brut
 60 mL d'huile
 60 mL de jus de citron
   3 cuillerées à soupe de sauce Worcestershire
   2 cuillerées à soupe de moutarde préparée
   2 cuillerées à thé de sel
  ¼ cuillerée à thé de poivre
500 g de grosses crevettes décortiquées et
       nettoyées, fraîches ou surgelées
   1 boîte de morceaux d'ananas en conserve (450 g)
   1 poivron vert découpé en carrés de 2,5 cm
500 mL d'eau froide
250 mL de riz
  ½ cuillerée à thé de sel
   2 cuillerées à soupe de persil haché

Mélanger dans une casserole la sauce tomate, l'oignon, 125 mL d'eau, le sucre brut, l'huile, le jus de citron, la sauce Worcestershire, la moutarde, les 2 cuillerées à thé de sel et le poivre. Faire mijoter sans couvrir pendant 15 minutes en remuant à 1 ou 2 reprises; mettre de côté. Faire décongeler les crevettes, s'il y a lieu. Égoutter les morceaux d'ananas et réserver 2 cuillerées à soupe de sirop. Mélanger le sirop à la marinade.

Mettre les crevettes dans un sac en plastique posé dans un grand bol et y verser la marinade. Fermer le sac et laisser mariner à température ambiante pendant 2 ou 3 heures. Égoutter les crevettes et réserver la marinade.

Enfiler sur 4 brochettes en les alternant 1 crevette, 2 morceaux d'ananas et les carrés de poivron vert. Faire griller à feu ardent pendant 5 à 8 minutes; tourner les brochettes et badigeonner de marinade. Poursuivre la cuisson pendant 5 à 8 autres minutes, en badigeonnant les crevettes de sauce.

Pendant ce temps, préparer le riz. Mélanger dans une casserole 500 mL d'eau froide, le riz et la ½ cuillerée à thé de sel; poser un couvercle qui ferme bien, amener à forte ébullition et réduire la chaleur. Poursuivre la cuisson pendant 14 minutes sans soulever le couvercle. Retirer du feu et laisser reposer sans découvrir pendant 10 minutes. Ajouter le persil en remuant. Servir les brochettes sur un lit de riz avec la sauce qui reste. Donne 4 portions.

CREVETTES EN PAPILLOTES

    1 kg de grosses crevettes décortiquées et
          nettoyées, fraîches ou surgelées
    6 cuillerées à soupe de beurre ou de
          margarine
  125 mL de persil haché
    ¾ cuillerée à thé de cari
    1 gousse d'ail émincée
    ½ cuillerée à thé de sel
       soupçon de poivre

Faire décongeler les crevettes, s'il y a lieu. Faire fondre le beurre dans une casserole; ajouter en remuant le persil, le cari, l'ail, le sel et le poivre. Ajouter les crevettes et remuer pour les enduire de beurre. Répartir les crevettes en parts égales sur 6 morceaux de papier alu très résistant faisant 30 cm par 45 cm. Replier le papier alu pour faire de grosses papillotes en scellant bien les extrémités.

Faire griller à feu ardent pendant 8 minutes. Tourner et laisser griller encore 7 ou 8 minutes. Servir en papillotes. Donne 6 portions.

BROCHETTES DE PÉTONCLES BARDÉS DE BACON

24 pétoncles frais ou surgelés
 3 cuillerées à soupe de beurre fondu ou de
       margarine
 2 cuillerées à soupe de jus de citron
       soupçon de poivre
12 tranches de bacon coupées en 2
       paprika

Faire décongeler les pétoncles, s'il y a lieu. Les nettoyer avec soin et les rincer à l'eau courante. Mélanger le beurre, le jus de citron et le poivre. Verser la marinade sur les pétoncles, couvrir et laisser mariner à température ambiante pendant 30 minutes. Égoutter les pétoncles et réserver la marinade. Mettre le bacon dans un poêlon et le faire cuire partiellement. Poser les tranches sur un essuie-tout pour qu'il en absorbe l'excédent de gras et laisser refroidir. Barder chaque pétoncle de ½ tranche de bacon partiellement cuite, piquée d'un cure-dent. Enfiler les pétoncles sur 6 brochettes en laissant un espace entre chacun. Saupoudrer de paprika. Faire griller sur des braises ardentes pendant 5 minutes environ, en posant le bacon contre le gril. Tourner à l'aide d'une spatule; badigeonner de marinade. Poursuivre la cuisson jusqu'à ce que le bacon soit croustillant, soit 5 minutes de plus environ. Donne 6 portions.

PALOURDES EN PAPILLOTES

- 48 palourdes dans leurs coquilles
- 4 L d'eau froide
- 80 mL de sel
- 2 poulets prêts à cuire de 1 kg ou 1,25 kg, découpés en quartiers
  - sel
  - poivre
- 8 épis de maïs
  - gros bouquet d'algues ou de persil
- 8 queues de homard (environ 1 kg)
  - environ 1 kg de filets de poisson, découpés en 8 morceaux
- 500 g de beurre fondu

Laver avec soin les palourdes dans leurs coquilles. Mettre de l'eau froide et 80 mL de sel dans une grande marmite. Déposer les palourdes dans l'eau salée et faire tremper pendant 15 minutes. Bien les rincer. Refaire tremper et rincer à 2 autres reprises.

Rompre les articulations des pilons, des cuisses et des ailes des poulets, de sorte qu'ils puissent être posés à plat sur le gril. Mettre les morceaux de poulet, la peau contre le gril, au-dessus d'un feu ardent. Faire griller en couvrant pendant 10 minutes environ. Saler et poivrer. Éplucher les épis de maïs sans rompre la pelure et les brosser pour enlever les fils; remettre la pelure en place.

Déchirer 16 morceaux de papier alu très résistant faisant 45 cm par 90 cm. Poser 1 feuille à la diagonale par-dessus 1 autre feuille; faire de même avec les autres feuilles, pour obtenir un total de 8 feuilles jumelées. Poser un bouquet d'algues ou de persil au centre de chaque croix en papier alu. Couper 8 carrés de mousseline à fromage faisant 45 cm^2 chacun et poser chacun sur le bouquet d'algues ou de persil.

Disposer les ingrédients suivants sur chacun des carrés de mousseline à fromage: 6 palourdes dans leurs coquilles, 1 quartier de poulet précuit, 1 épi de maïs, 1 queue de homard et 1 morceau de poisson. Nouer solidement les extrémités opposées des carrés de mousseline. Replier les feuilles d'alu pour en faire des papillotes, en prenant soin de bien sceller les extrémités.

Poser les papillotes sur le gril, en s'assurant que le joint soit sur le dessus. Abaisser le couvercle du barbecue. Faire griller à feu ardent pendant 45 minutes environ.

On peut vérifier le degré de cuisson à l'aide du pilon de poulet, que l'on articule aisément lorsque la chair est cuite. Servir chacune des papillotes avec des portions individuelles de beurre fondu. Donne 8 portions.

QUEUES DE HOMARDS GRILLÉES

     4 queues de homards de grosseur moyenne
    60 mL de beurre fondu ou de margarine
     2 cuillerées à thé de jus de citron
     1 cuillerée à thé de zeste d'orange
     1 généreux soupçon de chacune des épices
        suivantes: gingembre moulu, aromates
        aigres-doux et chili en poudre

Faire décongeler les queues de homard, s'il y a lieu. Couper la mince membrane se trouvant sous la carapace à l'aide d'une paire de ciseaux. Plier la queue à contresens pour la faire craquer ou insérer de longues brochettes dans le sens de la longueur entre la carapace et la chair pour éviter que la queue ne s'enroule sur elle-même. (Donner de petits coups de ciseaux au centre de la carapace légèrement décongelée pour écarter la queue. Enfoncer la lame d'un couteau dans la chair, sans percer la carapace sous la chair. Écarter la carapace.)

Mélanger le beurre fondu (ou la margarine), le jus de citron, le zeste d'orange, le gingembre, les aromates aigres-doux et le chili en poudre. Badigeonner la chair de homard de cette sauce. Mettre les queues de homards à griller, la carapace sur le gril, à feu ardent pendant 5 minutes environ. Tourner, badigeonner de sauce et laisser cuire jusqu'à ce que la chair ait perdu sa transparence et qu'elle soit devenue opaque, soit 5 à 10 minutes encore. Donne 4 portions.

PATTES DE CRABE GRILLÉES

60 mL de beurre fondu ou de margarine
60 mL de persil haché
60 mL de jus de citron
 1 cuillerée à soupe de moutarde préparée
 1 kg de pattes de crabe décortiquées

Mélanger le beurre fondu, le persil, le jus de citron, la moutarde et ¼ cuillerée à thé de sel. Enduire la chair de crabe de cette préparation. Poser les morceaux de crabe sur le gril à quelque 10 cm des braises moyennement chaudes. Badigeonner de sauce au beurre et tourner de temps en temps jusqu'à ce que la chair soit cuite, soit de 5 à 8 minutes. Donne 6 portions.

DARNES DE SAUMON GRILLÉES

 6 darnes de saumon (ou d'un autre poisson)
    fraîches ou surgelées
125 mL d'huile à salade
 60 mL de persil haché
 60 mL de jus de citron
 2 cuillerées à soupe d'oignon râpé
 ½ cuillerée à thé de moutarde en poudre
 ¼ cuillerée à thé de sel
    soupçon de poivre

Faire décongeler les darnes, s'il y a lieu. Mettre les darnes dans un plat peu profond. Mélanger l'huile, le persil, le jus de citron, l'oignon, la moutarde, le sel et le poivre. Verser sur le poisson. Laisser mariner à température ambiante pendant 2 heures, en tournant les darnes souvent. (On peut les mettre à mariner au réfrigérateur, en couvrant le plat, pendant 4 à 6 heures.) Égoutter et réserver la marinade. Mettre les darnes dans un panier en broche bien graissé. Faire cuire à feu moyennement chaud jusqu'à ce que la chair de saumon ait légèrement bruni, soit entre 5 et 8 minutes. Badigeonner de marinade et tourner.

Badigeonner de nouveau et laisser cuire jusqu'à ce que la chair se détache facilement, soit de 5 à 8 minutes supplémentaires. Donne 6 portions.

Saucisses et saucissons

KEBABS DE SAUCISSON DE BOLOGNE À LA MOUTARDE

500 g de saucisson de Bologne en cubes de 2,5 cm
  1 boîte de morceaux d'ananas égouttés (480 g)
 60 mL de beurre fondu ou de margarine
  2 cuillerées à soupe de moutarde de Dijon
  1 cuillerée à soupe de persil haché
  2 cuillerées à thé de jus de citron
     soupçon de poivre

Embrocher en les alternant les cubes de saucisson et les morceaux d'ananas sur 4 brochettes. Mélanger le beurre fondu, la moutarde, le persil, le jus de citron et le poivre. Badigeonner les brochettes. Faire griller les kebabs à feu moyen en les tournant fréquemment, soit de 8 à 10 minutes. Badigeonner souvent de sauce au beurre. Donne 4 portions.

KEBABS MINUTE À LA SAUCISSE DE FRANCFORT

  8 saucisses de Francfort, tranchées en 3
  1 boîte de pommes de terre nouvelles,
     égouttées (480 g)
  2 poivrons verts de grosseur moyenne,
     tranchés en carrés
 60 mL de moutarde au raifort
 60 mL de ketchup
 ½ sachet de préparation de sauce tacos
     (environ 2 cuillerées à soupe)
  2 cuillerées à soupe d'eau
  2 cuillerées à soupe d'huile
     plusieurs gouttes de sauce au piment

Embrocher les morceaux de saucisses en alternant avec les petites pommes de terre et les carrés de poivrons. Mélanger dans un petit bol la moutarde au raifort, le ketchup, la préparation de sauce tacos, l'eau, l'huile et la sauce au piment. Faire griller les kebabs à feu moyen pendant 10 minutes, les tourner souvent et les badigeonner fréquemment de sauce à la moutarde. Donne de 4 à 6 portions.

SAUCISSES DE FRANCFORT PIQUANTES

  1 oignon de grosseur moyenne, finement
       tranché
 60 mL de céleri haché
 60 mL de poivron vert haché
  1 gousse d'ail émincée
 60 mL de beurre ou de margarine
  1 boîte de soupe aux tomates concentrée (330 g)
 80 mL d'eau
 60 mL de sucre brut
  2 cuillerées à soupe de vinaigre
  2 cuillerées à soupe de moutarde préparée
  1 cuillerée à soupe de sauce Worcestershire
 ¼ cuillerée à thé de sauce au piment
  8 à 10 saucisses de Francfort

Poser un poêlon de 25 cm sur des braises ardentes et y faire cuire les tranches d'oignon, le céleri, le poivron vert et l'ail dans du beurre ou de la margarine, jusqu'à ce qu'ils amollissent, sans toutefois les laisser brunir (10 minutes environ). Ajouter en tournant la soupe aux tomates, l'eau, le sucre brut, le vinaigre, la moutarde, la sauce Worcestershire et la sauce au piment. Couvrir et amener au point d'ébullition; laisser cuire pendant 15 à 20 minutes. Trancher les saucisses à la diagonale et déposer les morceaux dans la sauce chaude. Faire cuire jusqu'à ce que les morceaux de saucisses soient bien chauds, pendant environ 10 autres minutes, en remuant de temps en temps. Donne 4 ou 5 portions.

SAUCISSES AU CHOU ROUGE

       2 cuillerées à soupe de beurre ou de margarine
       2 pots de chou rouge aigre-doux, égoutté
             (500 g chacun)
360 g de saucisses de Francfort, en
             morceaux de 2,5 cm
       2 pommes de grosseur moyenne, sans
             trognon, coupées en dés
       1 petit oignon haché

Faire fondre le beurre ou la margarine dans un lourd
poêlon à feu moyen; y ajouter en tournant le chou rouge
égoutté, les morceaux de saucisses, les dés de pommes et
l'oignon haché. Couvrir et laisser mijoter jusqu'à ce que
l'oignon ait amolli, que le chou et les saucisses soient bien
chauds, soit 20 minutes environ. Donne 4 portions.

BROCHETTES DE SAUCISSES BRATWURST

    6 saucisses bratwurst (500 g)
  60 mL de crème allégée
    2 cuillerées à soupe de moutarde préparée
  ½ cuillerée à thé d'oignon émincé déshydraté
  ¼ cuillerée à thé de poivre concassé
         soupçon de paprika
    1 boîte de choucroute égouttée (500 g)

Couper chaque saucisse en 3 et enfiler les morceaux sur 4
brochettes. Préparer la sauce en mélangeant la crème allégée, la moutarde, l'oignon émincé déshydraté, le poivre
et le paprika.
     Faire griller les brochettes à feu moyennement ardent
jusqu'à ce que la chair des saucisses soit bien chaude, soit 7
ou 8 minutes, en les tournant souvent et en les badigeonnant
de sauce. Faire chauffer la choucroute dans une casserole.
Servir les morceaux de saucisses sur un lit de choucroute et
napper de sauce bien chaude. Donne 4 portions.

SAUCISSES POLONAISES FARCIES À LA CHOUCROUTE

      8 tranches de bacon
      8 saucisses polonaises ou 8 grosses saucisses
            de Francfort
      1 boîte de choucroute, égouttée (250 g)
     60 mL de sauce chili
      2 cuillerées à soupe d'oignon haché fin
      1 cuillerée à thé de sucre
      1 cuillerée à thé de graines de cumin

Faire cuire partiellement le bacon, égoutter les tranches et les mettre de côté. Trancher les saucisses sur le sens de la longueur, sans que l'incision (de 2 cm environ) ne se rende aux extrémités.

   Mélanger la choucroute, la sauce chili, l'oignon, le sucre et les graines de cumin. Garnir chacune des saucisses avec 2 cuillerées à soupe de farce. Enrouler une tranche de bacon autour de chaque saucisse et l'assujettir à l'aide de cure-dents.

   Faire griller à feu ardent pendant 10 ou 12 minutes en prenant soin de tourner souvent afin que le bacon cuise uniformément. Donne 8 portions.

SAUCISSES DE FRANCFORT ET FÈVES AU LARD POÊLÉES

      1 sachet de sauce à la crème sure déshydratée (40 g)
    180 mL de lait
         quelques gouttes de sauce au piment
      1 pot de fèves au lard (700 g)
      4 ou 5 saucisses de Francfort, tranchées
            dans le biais
      1 boîte d'oignons frits (90 g)

Mélanger dans un lourd poêlon la sauce à la crème sure déshydratée, le lait et la sauce au piment. Ajouter en tournant les fèves au lard et les morceaux de saucisses. Poser le poêlon sur des morceaux de charbon moyennement chauds et remuer de temps en temps, jusqu'à ce que la préparation soit bien chaude. Avant de servir, ajouter en tournant les ¾ de la portion d'oignons frits. Couronner chaque portion avec les oignons frits qui restent. Donne 4 portions.

Agneau

GIGOT D'AGNEAU

     1 gigot d'agneau (2,5 kg à 3 kg)
   125 mL de jus de citron
   125 mL d'huile
    60 mL d'oignon haché fin
     2 cuillerées à soupe de persil haché fin
     1 cuillerée à thé de sel
    ½ cuillerée à thé de thym séché
    ½ cuillerée à thé de basilic séché
    ¼ cuillerée à thé d'estragon séché

Demander au boucher de désosser le gigot et de pratiquer une incision sur le sens de la longueur, de sorte qu'on puisse le poser à plat sur le gril, à la manière d'un steak. Mélanger le jus de citron, l'huile, l'oignon, le persil, le sel, le thym, le basilic et l'estragon. Mettre le gigot dans un sac en plastique posé dans un bol profond. Verser la marinade dans le sac avant de le fermer. Réfrigérer pendant 4 à 6 heures et tourner le sac de temps en temps pour que l'agneau soit bien imprégné de marinade. Égoutter le gigot et réserver la marinade.

   Insérer 2 longues brochettes dans l'agneau, posées à angle droit, de manière à former une croix ou alors mettre la pièce d'agneau dans un panier en broche bien graissé. (Ainsi on peut tourner facilement la pièce de viande et elle ne s'enroule pas sur elle-même en cours de cuisson.) Faire griller à feu moyen en retournant aux 15 minutes jusqu'à ce que la viande ait atteint le degré de cuisson voulu, soit

1 heure et demie pour que la chair soit rosée et 2 heures,
si on l'aime bien cuite. Badigeonner souvent de marinade.
Poser la pièce d'agneau sur une planche à découper et retirer les brochettes (ou sortir la pièce du panier).
Découper en fines tranches en travers des fibres. Donne 8
à 10 portions.

Note: On peut aussi faire mariner le gigot d'agneau avec
l'os (voir le tableau de cuisson en pp. 2 et 3).

KEBABS À L'AGNEAU ET À L'ABRICOT

125 mL d'oignon haché
  1 petite gousse d'ail émincée
  2 cuillerées à soupe d'huile
  1 boîte d'abricots en conserve (500 g)
  3 cuillerées à soupe de vinaigre
  2 cuillerées à soupe de sucre brut
  ½ cuillerée à thé de cari
     quelques gouttes de sauce au piment
  1 cuillerée à thé de sel
750 g d'agneau désossé, en cubes
     de 4 cm

Faire revenir dans l'huile chaude l'oignon et l'ail, sans
toutefois les faire brunir. Mettre l'oignon et l'ail cuits,
l'huile, les abricots, le vinaigre, le sucre brut, le cari,
quelques gouttes de sauce au piment et la cuillerée à thé
de sel dans le récipient d'un mélangeur. Couvrir et actionner le mélangeur jusqu'à obtention d'un mélange homogène. Verser dans la casserole et laisser mijoter pendant
10 minutes en couvrant. Mettre à refroidir. Verser la marinade sur les cubes d'agneau, couvrir et réfrigérer pendant
la nuit, en remuant de temps en temps. Égoutter les cubes
et réserver la marinade. Enfiler les cubes sur 6 brochettes;
les mettre à griller à feu ardent pendant 15 à 20 minutes,
en les tournant souvent. Faire chauffer la marinade et en
napper les brochettes. Donne 6 portions.

PETITES CÔTES D'AGNEAU EN SAUCE

1,5 kg ou 2 kg de petites côtes d'agneau,
     découpées en bouchées
125 mL d'oignon haché
  1 cuillerée à soupe d'huile
180 mL de ketchup
 60 mL d'eau
  3 cuillerées à soupe de sauce Worcestershire
  2 cuillerées à soupe de sucre brut
  2 cuillerées à soupe de vinaigre
 ¾ cuillerée à thé de sel
   quelques gouttes de sauce au piment

Découper l'excédent de gras qui peut border les côtes.
Mettre à bouillir dans de l'eau salée, à découvert, pendant
1 heure ou 1 heure et quart, jusqu'à ce que la viande soit
tendre. Égoutter. Pendant ce temps, faire revenir l'oignon
dans l'huile jusqu'à ce qu'il amollisse. Ajouter le ketchup,
l'eau, la sauce Worcestershire, le sucre brut, le vinaigre, le
sel et la sauce au piment. Faire réchauffer.

Faire griller les petites côtes à feu moyennement chaud
pendant 10 à 15 minutes; les tourner et faire griller pendant 10 ou 15 autres minutes. Badigeonner de sauce au
ketchup et poursuivre la cuisson jusqu'à ce que les côtes
soient glacées, soit 10 ou 15 minutes de plus. Mettre la
sauce au ketchup à réchauffer. Badigeonner les côtes avant
de servir, présenter la sauce en saucière. Donne 4 portions.

KEBABS À L'AGNEAU ET AUX FINES HERBES

125 mL d'huile
125 mL d'oignon haché
 60 mL de persil haché
 60 mL de jus de citron
  1 cuillerée à thé de sel
  1 cuillerée à thé de marjolaine séchée
  1 cuillerée à thé de thym séché

   1   gousse d'ail émincée
   ½   cuillerée à thé de poivre
   1   kg d'agneau désossé, en cubes de 2,5 cm
       quartiers d'oignon
       carrés de poivron vert
       carrés de poivron rouge doux

Mélanger l'huile, l'oignon, le persil, le jus de citron, le sel, la marjolaine, le thym, l'ail et le poivre; ajouter les cubes d'agneau. Couvrir et réfrigérer pendant 6 à 8 heures, en remuant de temps en temps. Mettre les cubes d'agneau à égoutter et réserver la marinade. Faire bouillir les quartiers d'oignon jusqu'à ce qu'ils amollissent; faire égoutter.

   Enfiler sur 6 brochettes les cubes d'agneau, les quartiers d'oignon, les carrés de poivron vert et de poivron rouge. Faire griller à feu ardent pendant 10 à 12 minutes; tourner et badigeonner souvent de marinade. Donne 6 portions.

CÔTELETTES D'AGNEAU À L'ARMÉNIENNE

250   mL de jus de tomate
125   mL d'oignon haché fin
 80   mL de jus de citron
 60   mL de cornichon à l'aneth
       haché fin
 60   mL de poivron vert haché fin
   2   cuillerées à soupe de sucre
   1   cuillerée à thé de sel
   1   cuillerée à thé de cumin moulu
   1   cullerée à thé de marjolaine séchée
   ¼   cuillerée à thé de poivre
   4   cuillerées à thé de fécule de maïs
   2   cuillerées à soupe d'eau froide
   6   côtelettes d'agneau dans l'épaule,
       d'une épaisseur de 2,5 cm

Mélanger dans une casserole le jus de tomate, l'oignon, le jus de citron, le cornichon, le poivron vert, le sucre, le sel, le cumin, la marjolaine et ¼ cuillerée à thé de poivre. Faire mijoter en couvrant jusqu'à ce que l'oignon et le poivron amollissent, soit 10 minutes environ. Délayer la fécule de maïs dans de l'eau, ajouter à la sauce en tournant. Faire cuire en remuant jusqu'à épaississement.

Faire griller les côtelettes à feu moyen pendant 10 à 12 minutes. Tourner et laisser griller pendant 10 ou 12 autres minutes, en badigeonnant souvent de sauce. (On gardera la sauce au chaud en posant la casserole sur le gril.) Servir la sauce qui reste avec les côtelettes. Donne 6 portions.

SAUCES ET MARINADES

Vous voulez relever la saveur de la viande cuite sur le gril? Il suffit de la badigeonner d'une sauce piquante ou de la mettre à mariner pour faire ressortir son goût succulent. Les sauces et marinades proposées dans cette section comptent parmi les meilleures. Goûtez l'une de ces sauces exquises avec le boeuf grillé, le porc, l'agneau, la volaille ou les fruits de mer. Ne manquez pas de servir les grillades avec les différentes relishs et savourez pleinement les diverses combinaisons.

Sauces et relishs

SAUCE BARBECUE

250 mL de ketchup
250 mL d'eau
 60 mL de vinaigre
  1 cuillerée à soupe de sucre
  1 cuillerée à soupe de sauce Worcestershire
  1 cuillerée à thé de sel
  1 cuillerée à thé de graines de céleri
     quelques gouttes de sauce au piment

Mélanger dans une casserole le ketchup, l'eau, le vinaigre, le sucre, la sauce Worcestershire, le sel, les graines de céleri et la sauce au piment. Amener au point d'ébullition; réduire la chaleur et laisser mijoter à découvert pendant 30 minutes. Employer cette sauce pour badigeonner les côtes de porc et de boeuf pendant les 15 ou 20 dernières minutes de cuisson. Servir à table la sauce qui reste. Donne environ 500 mL.

SAUCE BARBECUE RAPIDE

1 bouteille de ketchup épicé (450 mL)
3 cuillerées à soupe de vinaigre
2 cuillerées à soupe de graines de céleri
1 gousse d'ail tranchée en 2

Mélanger le ketchup, le vinaigre, les graines de céleri et l'ail. Couvrir et réfrigérer pendant plusieurs heures. Retirer les morceaux d'ail. Employer cette sauce pour badigeonner les hamburgers pendant les 10 dernières minutes de cuisson. Donne environ 375 mL.

SAUCE PIQUANTE À LA MODE DU FAR-WEST

125 mL de ketchup
 60 mL d'eau
 60 mL d'oignon haché fin
  3 cuillerées à soupe de vinaigre de vin rouge
  2 cuillerées à soupe d'huile
  2 cuillerées à soupe de sucre brut
  2 cuillerées à thé de sauce Worcestershire
  2 cuillerées à thé de graines de moutarde
  1 cuillerée à thé de paprika
  ½ cuillerée à thé d'origan séché
  ½ cuillerée à thé de chili en poudre
  ¼ cuillerée à thé de sel
  ⅛ cuillerée à thé de clou de girofle moulu
  1 feuille de laurier
  1 gousse d'ail émincée

Mélanger dans une casserole le ketchup, l'eau, le vinaigre, l'huile, le sucre brut, la sauce Worcestershire, les graines de moutarde, le paprika, l'origan, le chili en poudre, le sel, le clou de girofle, la feuille de laurier et l'ail. Amener au point d'ébullition; réduire le feu et faire mijoter à découvert pendant 10 minutes, en remuant à 1 ou 2 reprises. Retirer la feuille de laurier. Employer cette sauce pour badigeonner les hamburgers ou les côtes pendant les 10 ou 15 dernières minutes de cuisson. Donne environ 375 mL.

SAUCE DURANGO

  1 boîte de fèves au lard en sauce tomate (500 g)
  1 boîte de sauce tomate (250 g)
125 mL d'eau
  1 sachet de sauce chili déshydratée (35 g)
  1 cuillerée à thé de sauce Worcestershire

Mettre dans le récipient d'un mélangeur les fèves au lard, la sauce tomate, l'eau, la sauce chili déshydratée et la sauce Worcestershire. Couvrir et broyer jusqu'à obtention d'un mélange homogène. Employer cette sauce pour badigeonner les côtelettes de porc, les steaks et les hamburgers pendant les 5 dernières minutes de cuisson. Faire chauffer la sauce qui reste et servir à table. Donne 625 mL.

SAUCE À LA MÉLASSE ET À L'ORANGE

  1 boîte de soupe aux tomates concentrée (285 mL)
  1 boîte de sauce tomate (240 mL)
125 mL de mélasse
125 mL de vinaigre
125 mL de sucre brut
  60 mL d'huile
  1 cuillerée à soupe d'oignon émincé déshydraté
  1 cuillerée à soupe de sel épicé
  1 cuillerée à soupe de moutarde en poudre
  1 cuillerée à soupe de sauce Worcestershire
  1 cuillerée à soupe de zeste d'orange
1½ cuillerée à thé de paprika
½ cuillerée à thé de poivre
¼ cuillerée à thé de poudre d'ail

Mélanger dans une casserole de dimension moyenne la soupe, la sauce tomate, la mélasse, le vinaigre, le sucre brut, l'oignon, le sel, la moutarde, la sauce Worcestershire, le zeste d'orange, le paprika, le poivre et la poudre d'ail. Amener au point d'ébullition; réduire le feu et laisser mijoter à découvert pendant 20 minutes. Employer cette sauce pour badigeonner la volaille et le boeuf pendant les 15 dernières minutes de cuisson. Donne environ 875 mL.

SAUCE CHILI

125 mL de sauce chili
  2 cuillerées à soupe d'huile
  2 cuillerées à soupe de jus d'ananas ou
        d'orange
  1 cuillerée à soupe de sucre brut
      quelques gouttes de sauce au piment

Mélanger la sauce chili, l'huile, le jus d'ananas ou d'orange, le sucre brut et la sauce au piment. Employer pour faire mariner ou pour badigeonner les fruits de mer, le poulet ou le porc pendant les 5 à 10 dernières minutes de cuisson. Donne environ 180 mL.

SAUCE BARBECUE EN VRAC

125 mL de céleri haché fin
125 mL de poivron vert haché fin
  1 gousse d'ail émincée
  60 mL de beurre ou de margarine
  2 L de ketchup
  1 boîte de soupe à l'oignon (285 mL)
  1 boîte de soupe au poulet et au gumbo
        (285 mL)
  2 cuillerées à soupe de vinaigre
  ½ cuillerée à thé de sauce au piment
125 mL d'eau
250 mL de vin blanc sec

Faire cuire le céleri, le poivron vert et l'ail dans du beurre ou de la margarine jusqu'à ce qu'ils amollissent. Ajouter en tournant le ketchup, les concentrés de soupes, le vinaigre, la sauce au piment et 125 mL d'eau. Laisser mijoter pendant 30 minutes en remuant de temps en temps. Ajouter en tournant le vin blanc. Verser la sauce dans des contenants de 250 mL ou 500 mL servant à la congélation. Couvrir les contenants, les identifier et mettre au congélateur. Il suffira de les faire décongeler avant de les employer. Cette sauce convient au poulet, aux saucisses de Francfort, aux côtes et aux steaks, qu'il suffit de badigeonner pendant les 10 à 15 dernières minutes de cuisson. Faire chauffer la sauce qui reste et la servir à table. Donne 2 L.

GLACE À L'ANANAS ET À L'ORANGE

90 g de jus d'ananas concentré surgelé
    (½ contenant)
60 mL de marmelade à l'orange
 2 cuillerées à soupe de sauce servant à
    accompagner le steak

Mélanger dans une casserole le jus d'ananas concentré, la marmelade et la sauce pour le steak. Faire cuire en tournant jusqu'à ce que la sauce soit bien chaude. Employer pour badigeonner la volaille et le porc pendant les 10 à 15 dernières minutes de cuisson. Donne environ 160 mL.

SAUCE AU CIDRE ET À L'ESTRAGON

125 mL de cidre ou de jus de pommes
 60 mL de vinaigre
 60 mL d'oignon vert haché
  2 cuillerées à soupe de beurre ou de margarine
  2 cuillerées à soupe de sauce servant à
    accompagner le steak
  2 cuillerées à soupe de miel
  1 cuillerée à thé de sel
  1 cuillerée à thé d'estragon séché
 ¼ cuillerée à thé de poivre

Mélanger dans une casserole le cidre, le vinaigre, l'oignon, le beurre, la sauce pour le steak, le miel, le sel, l'estragon et le poivre. Amener au point d'ébullition; laisser mijoter à découvert pendant 20 minutes, en remuant de temps en temps. Employer à titre de marinade ou pour badigeonner le poulet, le boeuf, le porc ou le poisson durant les 15 à 20 dernières minutes de cuisson. Faire réchauffer et servir à table. Donne environ 180 mL.

GLACE AU CAFÉ ET AU SOYA

125 mL de sucre brut
  1 cuillerée à soupe de fécule de maïs
160 mL de café corsé refroidi
 60 mL de sauce soya
  3 cuillerées à soupe de vinaigre de vin

Mélanger dans une petite casserole le sucre brut et la fécule de maïs. Ajouter le café, la sauce soya et le vinaigre en tournant. Faire cuire en remuant jusqu'à épaississement. Employer cette sauce pour badigeonner les côtes levées et les côtelettes de porc pendant les 15 dernières minutes de cuisson. Donne environ 250 mL.

SAUCE AU SOYA ET AU CITRON

1 cuillerée à soupe de sucre brut
1 cuillerée à thé de fécule de maïs
2 cuillerées à soupe de jus de citron
2 cuillerées à soupe de sauce soya
2 cuillerées à soupe d'eau
2 cuillerées à soupe d'oignon vert haché
1 cuillerée à soupe de beurre ou de margarine
1 gousse d'ail émincée

Mélanger dans une casserole le sucre brut et la fécule de maïs. Ajouter le jus de citron, la sauce soya et l'eau en tournant. Ajouter ensuite l'oignon, le beurre et l'ail. Faire cuire en remuant jusqu'à épaississement. Employer pour badigeonner la volaille ou le poisson pendant les 15 dernières minutes de cuisson. Donne environ 80 mL.

BÛCHETTE AU FOIE

60 mL de beurre amolli
 2 cuillerées à soupe de chair de saucisse au foie fumée
 2 cuillerées à thé de jus de citron
 ¼ cuillerée à thé de basilic séché
    paprika

Mélanger le beurre amolli, la chair de saucisse au foie fumée, le jus de citron et le basilic. Sur une feuille de papier ciré, façonner une bûchette faisant 10 cm. Enrober la bûchette de paprika et réfrigérer jusqu'à ce qu'elle soit ferme. Découper la bûchette en tranches et servir avec les steaks grillés.

TARTINADE AU FROMAGE ET AU CARVI

100 g de fromage en crème amolli
  1 cuillerée à soupe de beurre amolli
  1 cuillerée à thé de graines de carvi
  1 cuillerée à thé de moutarde préparée

Mélanger dans un petit bol le fromage en crème et le beurre amollis. Ajouter en tournant les graines de carvi et la moutarde. Tartiner sur les pâtés à hamburger. Donne environ 125 mL.

RELISH À LA CHOUCROUTE

125 mL de sucre
125 mL de vinaigre
  1 cuillerée à thé de moutarde préparée
  ¼ cuillerée à thé de poudre d'ail
  ¼ cuillerée à thé de poivre
  1 boîte de choucroute égouttée (500 g)

80 mL de poivron rouge ou vert doux, haché
80 mL d'oignon haché
80 mL de concombre haché

Mettre le sucre et le vinaigre à chauffer dans une casserole jusqu'à ce que le sucre ait fondu et remuer de temps en temps. Ajouter en tournant la moutarde, la poudre d'ail et le poivre. Mettre à refroidir. Mélanger la choucroute égouttée, le poivron, l'oignon et le concombre; ajouter au liquide vinaigré. Couvrir et mettre au réfrigérateur jusqu'au moment de servir. Donne environ 750 mL.

RELISH AU CONCOMBRE

3 grosses tomates hachées
1 concombre de grosseur moyenne, pelé,
   épépiné et haché (250 mL)
60 mL de coriandre fraîche hachée
3 cuillerées à soupe d'oignon haché fin
¼ cuillerée à thé de piments verts piquants, hachés fin
1 cuillerée à soupe de jus de citron
½ cuillerée à thé de sel

Mélanger les morceaux de tomates, le concombre, la coriandre, l'oignon et les piments verts. Mélanger ensuite le jus de citron et le sel; verser le jus sur les légumes. Bien remuer, couvrir et réfrigérer jusqu'au moment de servir. Donne environ 800 mL.

SALADE DE CHOU

500 mL de chou finement râpé
80 mL d'oignon vert haché fin
60 mL de persil haché
2 cuillerées à soupe de sucre
3 cuillerées à soupe de vinaigre
1 cuillerée à thé de sel
½ cuillerée à thé de graines de céleri
   quelques gouttes de sauce au piment

Mélanger le chou râpé, l'oignon vert et le persil. Mélanger le sucre, le vinaigre, le sel, les graines de céleri et quelques gouttes de sauce au piment. Verser ce mélange sur le chou râpé et bien remuer. Couvrir et réfrigérer jusqu'au moment de servir. Donne environ 500 mL.

RELISH À LA RATATOUILLE

2	poivrons verts de grosseur moyenne, vidés et épépinés
2	tomates vidées de leurs coeurs
1	oignon moyen
1	courgette italienne de grosseur moyenne
½	aubergine pelée
2	cuillerées à soupe de sel
250	mL de sucre
250	mL de vinaigre
250	mL d'eau
1	cuillerée à thé de graines de moutarde
¾	cuillerée à thé de graines de céleri
¼	cuillerée à thé de fines herbes

Râper grossièrement les poivrons, les tomates, l'oignon, la courgette et l'aubergine. Saler les légumes râpés. Couvrir et réfrigérer pendant la nuit. Rincer et égoutter les légumes.

Mélanger dans une casserole le sucre, le vinaigre, l'eau, les graines de moutarde, les graines de céleri et les fines herbes. Verser sur les légumes en les remuant. Amener au point d'ébullition; réduire le feu et laisser mijoter pendant 5 minutes en remuant souvent. Laisser refroidir. Couvrir et réfrigérer jusqu'au moment de servir. Donne environ 1 kg.

RELISH AUX POIVRONS ROUGES

6	poivrons rouges doux (environ 750 g)
2	oignons moyens, découpés en quartiers
180	mL de sucre
180	mL de vinaigre
1½	cuillerée à thé de sel

Vider et épépiner les poivrons, puis les râper grossièrement, de même que les oignons. Réserver le jus des
légumes. Mélanger dans une grande cocotte ou dans une
casserole les poivrons, les oignons et le jus. Ajouter en
tournant le sucre, le vinaigre et le sel. Amener au point
d'ébullition; faire bouillir doucement sans couvrir pendant
20 à 25 minutes. Laisser refroidir, couvrir et réfrigérer
jusqu'au moment de servir. Donne environ 500 mL.

Marinades

MARINADE À L'ARMÉNIENNE

125 mL d'huile d'olive ou autre
125 mL d'oignon haché
125 mL de jus de tomate
 60 mL de jus de citron
 60 mL de persil haché
  1 cuillerée à thé de sel
  1 cuillerée à thé de marjolaine séchée
  1 cuillerée à thé de thym séché
  ½ cuillerée à thé de poivre
  1 gousse d'ail émincée

Mélanger l'huile, l'oignon haché, le jus de tomate, le jus de
citron, le persil, le sel, la marjolaine, le thym, le poivre et l'ail.
Mettre l'agneau, le porc ou le poulet dans un sac en plastique
posé dans un bol profond ou dans un plat peu profond allant
au four. Verser la marinade sur la viande, refermer le sac ou
couvrir le plat. Réfrigérer pendant 4 à 6 heures ou toute la
nuit. Remuer le sac ou napper la viande de temps en temps
pour qu'elle soit bien imprégnée de marinade. Donne environ 400 mL (suffisamment pour 1,5 kg à 2 kg de viande).

MARINADE AU VIN BLANC

    1 petit oignon
  125 mL d'huile
  125 mL de vin blanc
   60 mL de jus de citron vert ou de citron
    2 cuillerées à soupe de persil haché
   ½ cuillerée à thé de sel
   ¼ cuillerée à thé de sauce au piment

Trancher finement l'oignon et séparer les rondelles.
Mélanger l'huile, le vin, le jus de citron vert, le persil, le sel
et la sauce au piment; ajouter les rondelles d'oignon. Mettre
le poisson ou le poulet dans un sac en plastique posé dans un
bol profond ou dans un plat peu profond allant au four.
Verser la marinade sur le poisson ou le poulet, fermer le sac
ou couvrir le plat; réfrigérer pendant 4 à 6 heures ou toute la
nuit. Remuer le sac ou napper le poisson ou poulet de temps
en temps pour qu'il soit bien imprégné de marinade. Donne
environ 375 mL (suffisamment pour 1,5 kg de viande).

MARINADE TERIYAKI

   60 mL d'huile
   60 mL de sauce soya
   60 mL de xérès sec
    1 cuillerée à soupe de gingembre frais, râpé
         ou 1 cuillerée à thé de gingembre moulu
    1 gousse d'ail émincée
    2 cuillerées à soupe de mélasse

Mélanger l'huile, la sauce soya, le xérès sec, le gingembre
et l'ail. Mettre le poulet, le boeuf ou le porc dans un sac en
plastique posé dans un bol profond ou dans un plat peu
profond allant au four. Verser la marinade sur le poisson ou
le poulet, fermer le sac ou couvrir le plat; réfrigérer pendant 4 à 6 heures ou toute la nuit. Remuer le sac ou napper la viande de temps en temps pour qu'elle soit bien

imprégnée de marinade. Égoutter les morceaux de viande et réserver la marinade. Y incorporer la mélasse. Employer pour badigeonner la viande pendant les 10 dernières minutes de cuisson. Donne environ 250 mL (suffisamment pour 1 kg de viande).

MARINADE AUX FINES HERBES

60 mL d'huile
60 mL de vinaigre de vin
60 mL d'oignon haché fin
 1 cuillerée à soupe de sauce Worcestershire
 ½ cuillerée à thé de basilic séché
 ½ cuillerée à thé de romarin séché
 ¼ cuillerée à thé de poivre
 ⅛ cuillerée à thé de sauce au piment
 ½ cuillerée à thé de sel

Mélanger l'huile, le vinaigre, l'oignon, la sauce Worcestershire, le basilic, le romarin, le poivre, la sauce au piment et ½ cuillerée à thé de sel. Mettre le poulet, le boeuf ou le porc dans un sac en plastique posé dans un bol profond ou dans un plat peu profond allant au four. Verser la marinade sur le poisson ou le poulet, fermer le sac ou couvrir le plat; réfrigérer pendant 4 à 6 heures ou toute la nuit. Remuer le sac ou napper la viande de temps en temps pour qu'elle soit bien imprégnée de marinade. Donne environ 180 mL (suffisamment pour 1 kg de viande).

PLATS D'ACCOMPAGNEMENT

Les viandes grillées à la perfection ne constituent qu'un élément du repas en plein air cuisiné sur le barbecue. Des plats d'accompagnement appétissants ponctuent avec brio le meilleur des repas. Chacune des recettes présentées dans cette section, qu'il s'agisse d'amuse-gueules, de légumes, de pains ou de desserts, obtiendra la faveur de votre famille et de vos invités. Tous ces mets peuvent être cuits sur le gril en même temps que les viandes, volailles et poissons.

Légumes

TOMATES AUX FINES HERBES

6	tomates de grosseur moyenne, pelées
2	concombres de grosseur moyenne, pelés et tranchés finement (850 mL)
125 mL	d'huile à salade
60 mL	de vin blanc sec
60 mL	de vinaigre de vin blanc
2	cuillerées à soupe de ciboulette hachée
1	cuillerée à soupe de persil haché
1	cuillerée à soupe de sucre
1	cuillerée à soupe de fines herbes séchées
⅛	cuillerée à thé de poivre frais moulu
1	cuillerée à thé de sel

Saler légèrement les tomates. Mettre dans un grand bol les tomates entières et les tranches de concombres. Dans un pot à marinade, mélanger l'huile à salade, le vin blanc sec, le vinaigre de vin blanc, la ciboulette, le persil, le sucre, les fines herbes, le poivre et 1 cuillerée à thé de sel; visser le couvercle et remuer vigoureusement. Verser sur les légumes. Couvrir et réfrigérer pendant plusieurs heures ou toute la nuit pour que les saveurs se marient. Remuer les légumes à 1 ou 2 reprises.

Enlever les tomates, laisser les concombres dans la marinade. Envelopper chacune des tomates dans un carré de papier alu. Faire griller à feu moyennement chaud pendant 20 minutes environ, en les tournant 1 fois. Faire égoutter les concombres et réserver la marinade pour y remettre ce qui restera après le repas. Garnir les tomates cuites de tranches de concombres marinés. Donne 6 portions.

COURGES GRILLÉES

3 courges de grosseur moyenne
2 cuillerées à soupe de beurre ou de margarine
2 cuillerées à soupe de sucre brut
2 cuillerées à soupe d'eau
  sucre brut
1 pomme tranchée en quartiers

Rincer les courges, les tailler en 2 sur le sens de la longueur et les épépiner. Piquer l'intérieur à l'aide des fourchons d'une fourchette, saler et poivrer. Ajouter 1 cuillerée à thé respectivement de beurre, de sucre brut et d'eau à chaque morceau de courge. Envelopper chaque morceau dans du papier alu et replier de façon hermétique. Poser les courges à plat sur le gril et faire cuire à feu moyen pendant 50 à 60 minutes, jusqu'à ce que l'intérieur soit tendre. Développer les morceaux et défaire la chair à l'aide d'une fourchette. Saupoudrer d'un peu de sucre brut. Garnir de morceaux de pomme. Donne 6 portions.

SURPRISE AUX POMMES DE TERRE, FROMAGE ET CAROTTES

      4 tranches de bacon
      3 grosses pommes de terre
      3 carottes de grosseur moyenne, râpées
     60 mL d'oignons verts hachés
        sel
        poivre
     60 mL de beurre ou de margarine
     ½ cuillerée à thé de graines de carvi
    250 mL de fromage Monterey Jack râpé (120 g)

Faire griller le bacon pour qu'il soit croustillant; faire égoutter et émietter. Le mettre de côté. Découper une feuille de papier alu faisant 90 cm par 45 cm et la plier pour en faire un carré de 45 cm de côté. Replier les côtés autour du poing, de manière à former un sac. Poser de fines tranches de pommes de terre dans le sac, ajouter les carottes et les oignons verts. Saler et poivrer, ajouter de petites noix de beurre et saupoudrer de graines de carvi. Replier les extrémités de manière à sceller le sac, en prévoyant toutefois un espace pour la vapeur. Faire griller à feu lent pendant 55 à 60 minutes en tournant plusieurs fois le sac. Ouvrir, ajouter le bacon émietté et le fromage râpé, refermer et remettre sur le gril pendant 1 minute environ, pour que fonde le fromage. Donne 6 portions.

LÉGUMES EN BROCHETTE

      6 petits oignons
      5 petites courges
      2 poivrons rouges doux
     60 mL de beurre ou de margarine
     ¼ cuillerée à thé de sel
        poivre

Mettre les oignons à bouillir dans une petite quantité d'eau salée jusqu'à ce qu'ils amollissent, soit 25 minutes environ; les égoutter. Découper les petites courges en quartiers et les poivrons rouges en grands carrés. Faire fondre le beurre dans une petite casserole, saler et poivrer.

Enfiler en alternance les légumes sur 4 brochettes et faire griller à feu moyen pendant 20 ou 25 minutes; tourner et badigeonner souvent de sauce au beurre. Donne 4 portions.

TRANCHES D'OIGNON AUX FINES HERBES

    3 cuillerées à soupe de beurre
    1 cuillerée à soupe de sucre brut
    ½ cuillerée à thé de sel
    2 gros oignons en tranches de 1 cm
    60 mL de céleri haché fin
    2 cuillerées à soupe de persil haché fin
    2 cuillerées à soupe de parmesan râpé
    ¼ cuillerée à thé d'origan séché

Faire fondre le beurre dans un grand poêlon posé sur des braises peu ardentes; y verser en tournant le sucre brut, ½ cuillerée à thé de sel et un peu de poivre. Disposer les tranches d'oignon en une seule rangée au fond du poêlon. Ajouter le céleri, couvrir et laisser cuire pendant 10 minutes. Tourner les tranches d'oignon, saupoudrer de persil haché, de parmesan et d'origan. Laisser cuire à poêlon couvert pendant 10 autres minutes. Donne 4 portions.

LÉGUMES AUX FINES HERBES

    8 petits oignons
    4 grosses carottes, en rondelles de 4 cm
    4 petites courges
    2 poivrons verts
    60 mL de beurre fondu
    ¼ cuillerée à thé de romarin séché
    ¼ cuillerée à thé de marjolaine séchée
    ¼ cuillerée à thé de sel

Mettre les oignons et les rondelles de carottes à cuire dans un peu d'eau bouillante salée jusqu'à ce qu'ils amollissent, pendant 20 minutes environ. Découper les courges en bandes de 2,5 cm et les poivrons en carrés de 2,5 cm. Mélanger le beurre, le romarin, la marjolaine, ¼ cuillerée à thé de sel et un soupçon de poivre.

Enfiler les légumes sur 4 brochettes en les alternant. Faire griller à feu moyennement chaud pendant 20 minutes environ; les tourner et les badigeonner souvent de sauce au beurre. Donne 4 portions.

MAÏS EN SAUCE À LA CIBOULETTE

```
  6  épis de maïs
125  mL de céleri haché
  1  pot de piments rouges hachés (60 g)
  1  pot de fromage en crème à la ciboulette (120 g)
  2  cuillerées à soupe de lait
 ¼   cuillerée à thé de sel
     poivre
```

A l'aide d'un couperet, trancher les extrémités des épis et racler les grains à l'aide de la lame. Mélanger le maïs, le céleri, les piments rouges, le fromage, le lait, le sel et le poivre.

Découper un morceau de papier alu faisant 45 cm par 90 cm et le plier en 2 de manière à former un carré de 45 cm de côté. Replier quelque peu les côtés. Déposer le mélange au maïs au centre du carré, replier le papier alu de façon hermétique, en prévoyant un espace pour la vapeur. Faire cuire à feu moyennement chaud pendant 40 minutes environ en tournant le sachet de temps en temps. Donne 6 portions.

AUBERGINES EN PAPILLOTES

```
12  tranches d'aubergine,
      d'une épaisseur de 1 cm
    sel épicé
 3  ou 4 cuillerées à soupe de beurre ou de margarine
 6  tranches épaisses de tomates
 6  tranches de fromage suisse, découpées en 2
```

Saupoudrer les aubergines de sel épicé. Les mettre à frire dans un poêlon contenant du beurre et les faire cuire des 2 côtés jusqu'à ce qu'elles amollissent, soit 5 minutes environ. Découper 6 carrés de papier alu de 15 cm² et poser une tranche d'aubergine cuite au centre de chacun. Garnir chacune d'une tranche de tomate et de ½ tranche de fromage; couvrir des tranches d'aubergine qui restent, puis garnir de fromage. Replier le papier alu de façon hermétique sans que le sachet soit trop étroit. Faire cuire à feu moyen pendant 5 à 8 minutes. Donne 6 portions.

TOMATES GRATINÉES

     2 tomates
   180 mL de chapelure
   125 mL de fromage américain
          piquant, râpé (60 g)
     2 cuillerées à soupe de beurre fondu
     2 cuillerées à soupe de persil haché

Découper chaque tomate en 2 morceaux à la diagonale. Saler et poivrer l'intérieur. Mélanger la chapelure, le fromage et le beurre, en garnir les moitiés de tomates. Garnir de persil. Envelopper chaque morceau de tomate dans un carré de 15 cm de papier alu. Faire griller à feu moyennement chaud pendant 15 à 20 minutes. Donne 4 portions.

POIS ET CHAMPIGNONS
EN SAUCE AU FROMAGE

     1 sac de pois et lamelles de
          champignons surgelés (300 g)
   125 mL de crème allégée
    60 mL de fromage suisse ou américain, râpé
     2 cuillerées à soupe de ciboulette hachée
     1 gousse d'ail émincée

Découper un morceau de papier alu de 45 cm par 90 cm; le plier en 2 de façon à former un carré de 45 cm de côté.

Replier le papier autour d'un poing de façon à former un sac dans lequel on déposera les légumes surgelés. Ajouter la crème allégée, le fromage, la ciboulette, l'ail, un peu de sel et de poivre. Replier de façon hermétique l'extrémité du sac, en prévoyant un espace pour la vapeur qui se formera. Faire griller à feu moyennement chaud pendant 20 minutes environ. Transvider dans une assiette de service. Donne 4 portions.

BROCOLI EN PAPILLOTE

2 boîtes de pointes de brocoli surgelées
    (330 g chacune)
    sel épicé
    poivre
3 cuillerées à soupe d'eau
2 cuillerées à soupe de beurre ou de margarine
    tranches de citron

Découper un morceau de papier alu de 45 cm par 90 cm; le plier en 2 de façon à former un carré de 45 cm de côté. Replier le papier autour d'un poing de façon à former un sac dans lequel on déposera les pointes de brocoli surgelées. Saler et poivrer. Verser l'eau et ajouter quelques noix de beurre. Replier de façon hermétique l'extrémité du sac, en prévoyant un espace pour la vapeur. Faire griller à feu moyennement chaud pendant 60 minutes environ en tournant souvent la papillote. Garnir de tranches de citron. Donne 6 portions.

RIZ AU CITRON

330 mL de riz à cuisson rapide
330 mL d'eau
    2 cuillerées à soupe de jus de citron
    2 cuillerées à soupe de curcuma moulu
    1 cuillerée à thé de graines de moutarde
    ¾ cuillerée à thé de sel
    2 cuillerées à soupe de beurre ou de margarine

Découper un morceau de papier alu de 45 cm par 90 cm; le plier en 2 de façon à former un carré de 45 cm de côté. Replier le papier autour d'un poing de façon à former un sac. Mélanger dans un bol le riz, l'eau, le jus de citron, le curcuma, les graines de moutarde et le sel. Verser le mélange dans le sac et y poser quelques noix de beurre. Replier de façon hermétique l'extrémité du sac, en prévoyant un espace pour la vapeur. Faire griller à feu moyennement chaud pendant 15 à 20 minutes. Avant de servir, ouvrir le sac et remuer les grains de riz à l'aide d'une fourchette. Donne 4 portions.

COURGETTES FRITES

```
 80  mL de préparation à biscuit
        (du commerce)
 60  mL de parmesan râpé
  ⅛  cuillerée à thé de poivre
  2  oeufs légèrement fouettés
500  mL de courgettes râpées avec la pelure
        (de grosseur moyenne)
  2  cuillerées à soupe de beurre
```

Mettre dans un bol la préparation à biscuit, le parmesan et le poivre. Ajouter en tournant les oeufs fouettés, de sorte que le mélange en soit bien imbibé. Incorporer les courgettes râpées. Faire fondre le beurre dans un lourd poêlon ou sur une plaque en fonte posé sur des briquettes plutôt ardentes. Mettre à frire la préparation de courgettes en portions de 2 cuillerées à soupe et laisser cuire pendant 4 ou 5 minutes par côté, jusqu'à ce qu'elles aient bruni. Garder au chaud pendant que cuit le reste de la préparation. Donne 6 portions.

KEBABS AUX LÉGUMES MARINÉS

```
  1 boîte de choux de Bruxelles surgelés (300 g)
125 mL d'huile à salade
 60 mL de vinaigre
  1 gousse d'ail émincée
  1 cuillerée à thé de graines de céleri
  1 cuillerée à thé de flocons de persil séchés
 ½ cuillerée à thé de sel
 ¼ cuillerée à thé de basilic séché
 ¼ cuillerée à thé de poivre
  4 tomates en quartiers
120 g de champignons frais
  2 petits concombres, découpés en tranches
      de 2,5 cm
```

Faire cuire les choux de Bruxelles dans de l'eau bouillante salée jusqu'à ce qu'ils soient quelque peu tendres, soit 5 minutes environ; les faire égoutter. Pendant ce temps, mettre dans un bocal à vinaigrette l'huile à salade, le vinaigre, l'ail, les graines de céleri, les flocons de persil, le sel, le basilic et le poivre; visser le couvercle et agiter vigoureusement. Mettre les choux, les quartiers de tomates, les champignons et les tranches de concombres dans un sac de plastique posé dans un grand bol. Verser la marinade dans le sac, fermer le sac, et réfrigérer pendant 6 à 8 heures ou toute la nuit, en remuant le sac de temps en temps. Faire égoutter les légumes et réserver la marinade. Enfiler sur 6 brochettes les choux, les tomates, les champignons et les rondelles de concombres. Faire griller à feu moyen pendant 15 à 20 minutes, en tournant les brochettes et en les badigeonnant souvent de marinade. Donne 6 portions.

ÉPIS DE MAÏS GRILLÉS

125 mL de beurre amolli ou de margarine
  1 cuillerée à thé de sel
  ½ cuillerée à thé de romarin séché
  ½ cuillerée à thé de marjolaine séchée
  6 épis de maïs

Défaire le beurre en crème et ajouter le sel. Mélanger les fines herbes et les ajouter au beurre salé. Laisser reposer pendant 1 heure à température ambiante pour que les saveurs se marient. Sortir les épis de leur pelure sans toutefois l'arracher; débarrasser les épis de leurs soies à l'aide d'une brosse. Poser chacun des épis sur une feuille de papier alu. Badigeonner chaque épi d'une cuillerée à soupe de beurre. Remettre les épis dans leur pelure, envelopper de papier alu. Mettre à rôtir directement sur les braises ardentes en tournant souvent pendant 12 à 15 minutes. On peut aussi faire cuire les épis sur un gril muni d'un couvercle, en réglant la clayette à la position supérieure. Donne 6 portions.

MAÏS À L'ANIS

1 boîte de maïs en grains, égouttés (360 g)
2 cuillerées à soupe de beurre ou de margarine
¼ cuillerée à thé de graines d'anis concassées
  sel
  poivre

Découper un morceau de papier alu de 45 cm par 90 cm; le plier en 2 de façon à former un carré de 45 cm de côté. Replier le papier autour d'un poing de façon à former un sac. Verser le maïs en grains dans le sac et y poser quelques noix de beurre. Saupoudrer de graines d'anis concassées, saler et poivrer. Replier hermétiquement l'extrémité du sac, en prévoyant un espace pour la vapeur qui se formera. Faire griller à feu moyennement chaud pendant 15 à 20 minutes. Donne 4 portions.

AUBERGINE AU FROMAGE

   1 aubergine de grosseur moyenne, pelée,
        découpée en tranches de 2 cm (environ
        500 g)
 60 mL de beurre fondu ou de margarine
125 mL de craquelins en chapelure (16)
   4 tranches de mozzarella ou de fromage
        suisse, découpées en 2 à la diagonale

Découper 4 morceaux de papier alu de 45 cm². Saler et
poivrer les tranches d'aubergine. Passer chacune dans le
beurre fondu, puis enduire de chapelure. Poser 2 tranches
d'aubergine sur chacun des carrés de papier alu, les envelopper et replier les extrémités. Faire griller à feu moyen
pendant 10 minutes environ. Tourner et laisser cuire pendant 6 ou 7 minutes de plus. Développer et poser un triangle de fromage sur chaque tranche d'aubergine. Donne
4 portions.

POMMES DE TERRE EN ROBE DES CHAMPS

6 pommes de terre
   huile
   fromage suisse râpé
   oignons verts hachés

Découper 6 morceaux de papier alu de 15 cm² chacun.
Badigeonner les pommes de terre avec un peu d'huile.
Envelopper chaque pomme de terre dans du papier alu,
les poser sur le gril et abaisser le couvercle. Faire cuire à
feu moyen pendant 1 heure et demie ou 2 heures en tournant les pommes de terre de temps en temps. Développer
et défaire l'intérieur des pommes de terre à l'aide d'une
fourchette. Garnir de fromage râpé et d'oignons verts
hachés. Donne 6 portions.

RIZ AU CHEDDAR

    1 boîte de macédoine de légumes égouttée (500 g)
  330 mL de riz à cuisson rapide
  330 mL d'eau
  250 mL de cheddar fort râpé (120 g)
    ¾ cuillerée à thé de sel
    ½ cuillerée à thé de sel d'oignon
    ¼ cuillerée à thé de romarin séché
    ⅛ cuillerée à thé de poivre
    2 cuillerées à soupe de beurre ou de margarine

Découper un morceau de papier alu de 45 cm par 90 cm;
le plier en 2 de façon à former un carré de 45 cm de côté.
Replier le papier autour d'un poing de façon à former un
sac. Mélanger dans un bol la macédoine, le riz, l'eau, le fromage, le sel, le sel d'oignon, le romarin et le poivre. Verser
le mélanger dans le sac, poser quelques noix de beurre.
Replier de façon hermétique l'extrémité du sac, en prévoyant un espace pour la vapeur. Faire griller à feu moyennement chaud jusqu'à ce que les légumes soient cuits, soit
30 minutes environ. Avant de servir, ouvrir le sac et remuer
le riz à l'aide d'une fourchette. Donne 6 portions.

CUISINER AU
MICRO-ONDES

LA CUISSON DANS UN FOUR
À MICRO-ONDES

Cuisiner dans un four à micro-ondes diffère peu de la méthode habituelle. Les micro-ondes permettent de faire cuire comme dans un four conventionnel, de cuire en ragoût ou à la vapeur, de pocher, de faire bouillir ou rôtir, de frire, de saisir, de sauter et de griller les aliments. Vous réussirez facilement les recettes qui exigent l'emploi d'une casserole à double fond, sans que les aliments roussissent ou ne forment des grumeaux, et surtout sans vous encombrer d'une seconde casserole pleine d'eau bouillante. Toutefois, les modes de cuisson pour obtenir ces résultats diffèrent selon le type de four utilisé.

Il n'est pas nécessaire de faire chauffer à l'avance un micro-ondes. Aussi, on peut y mettre à cuire des plats surgelés sans les décongeler au préalable. En fait, nombre de cuisiniers emploient le micro-ondes simplement pour cuire les aliments surgelés et pour réchauffer les restes. Mais il s'agit d'une utilisation partielle, compte tenu des possibilités qu'offre ce four.

Le micro-ondes permet d'apprêter les restes avec brio. Les légumes passés au micro-ondes conservent leur bel aspect et retiennent toute leur saveur parce qu'ils cuisent dans très peu d'eau. La plupart des plats à la casserole ne requièrent qu'une vingtaine de minutes de cuisson. Servez-vous du micro-ondes pour décongeler les viandes et les autres types d'aliments. Si des amis surviennent à l'improviste, vous ne serez pas pris de court, même s'il faut décongeler le rôti!

INTENSITÉ FAIBLE, MOYENNE OU
ÉLEVÉE

On trouve cinq touches sur le panneau de commande de la plupart des modèles de four à micro-ondes: hors circuit, faible, moyenne, élevée et la touche servant à faire dorer les aliments.

Les touches faible, moyenne et élevée servent à contrôler la rapidité de la cuisson. Certains aliments doivent cuire lentement, en raison de leur délicatesse, afin d'éviter qu'ils durcissent. Il faut donc activer les touches de moyenne ou faible intensité. Les fours qui ne sont dotés que d'une vitesse de cuisson fonctionnent à température élevée.

Tout l'art de la cuisine au micro-ondes réside dans la sélection de l'intensité et de la durée de cuisson.

LES AMUSE-GUEULE ET LES BOISSONS

BOULETTES DE VIANDE

    1   oeuf légèrement fouetté
   80   mL de lait
   80   mL de chapelure fine
    1   cuillerée à soupe d'oignon émincé
        déshydraté
    1   cuillerée à thé de sel
    1   cuillerée à thé de sucre
   ¼   cuillerée à thé de quatre-épices
  500   g de viande hachée maigre

Mélanger les ingrédients et façonner des boulettes de 2,5 cm de diamètre. Mettre les boulettes sur une clayette posée dans un plat de 20 cm par 30 cm. Mettre à cuire à température élevée pendant 4 à 6 minutes. Faire brunir pendant 3 à 5 minutes. Fait environ 25 boulettes.

CANAPÉS AU FROMAGE

    3   oignons verts hachés fin
  250   mL de cheddar râpé
  125   mL de mayonnaise
   24   biscottes rondes

Mélanger les oignons verts, le cheddar et la mayonnaise. Tartiner les biscottes. Faire réchauffer la moitié des biscottes dans un plat allant au four de 21 cm de profondeur à température moyenne pendant 1 minute et demie à 2 minutes et demie, ou jusqu'à ce que la garniture dégage des bulles. Faire pivoter le plateau tournant à une reprise en cours de cuisson. Répéter l'opération avec l'autre part de biscottes. Servir les canapés chauds. Quantité: 24 amuse-gueule.

CHAMPIGNONS FARCIS

    4 tranches de bacon
   60 mL d'oignon haché
    2 cuillerées à soupe de poivron vert haché
   ½ cuillerée à thé de sel
   ½ cuillerée à thé de sauce Worcestershire
   90 g de fromage à la crème
  500 g de petits champignons
  125 mL de chapelure
    1 cuillerée à soupe de beurre ou de margarine

Mélanger le bacon, l'oignon et le poivron vert dans un pot gradué contenant 1 L. Couvrir à l'aide d'un essuie-tout. Faire cuire à température élevée pendant 4 minutes et remuer à une occasion. Enlever le gras. Ajouter en tournant le sel, la sauce Worcestershire et le fromage à la crème. Laver et éponger les champignons. Enlever les tiges, les hacher et les ajouter au mélange à base de bacon. Fourrer les chapeaux des champignons à l'aide de la farce. Mettre la chapelure et le beurre (ou la margarine) dans un pot gradué contenant 500 mL et faire chauffer à température élevée pendant 1 minute. Mélanger pour que la mixture soit bien liée. Enduire les champignons farcis de chapelure au beurre. Mettre la moitié des champignons dans un plat allant au four de 15 cm par 25 cm, en veillant à ce que le côté farci soit sur le dessus. Faire cuire à température élevée pendant 1 ou 2 minutes. Refaire l'opération avec l'autre part de champignons. Fait environ 50 champignons farcis.

CHÂTAIGNES BARDÉES DE BACON

    1 boîte de châtaignes en conserve, égouttées (250 g)
    8 tranches de bacon coupées en 2
   60 mL de sauce soya
   ½ cuillerée à thé de gingembre moulu
   ½ cuillerée à thé de sel d'ail

Enrouler ½ tranche de bacon autour de chacune des châtaignes et fixer à l'aide de cure-dents. Mélanger les autres ingrédients et verser sur les châtaignes bardées. Réfrigérer pendant plusieurs heures. Égoutter. On peut conserver la marinade au réfrigérateur et l'employer de nouveau. Mettre les châtaignes sur une clayette posée dans un plat de 20 cm par 30 cm; couvrir à l'aide d'un essuie-tout. Mettre à cuire à température élevée pendant 3 minutes. Faire pivoter le plateau tournant. Faire cuire pendant 3 autres minutes. Servir les châtaignes chaudes. Fait 16 amuse-gueule.

HUÎTRES EN ÉCAILLES

  1 cuillerée à soupe de beurre
 60 mL d'eau
  6 huîtres en écailles
 60 mL de vin blanc sec
  2 gousses d'ail de grosseur moyenne,
       finement hachées

Dans une casserole contenant 2 L, mettre le beurre et l'eau, et amener au point d'ébullition en chauffant à température élevée pendant 1 minute. Disposer les huîtres dans la casserole, verser le vin et ajouter l'ail. Couvrir et faire chauffer à température élevée pendant 3 minutes et demie. Laisser reposer sans découvrir pendant 2 ou 3 autres minutes, ou jusqu'à ce que les écailles s'ouvrent quelque peu. Ouvrir les huîtres et servir sur leurs écailles. Réserver le bouillon pour faire trempette. Donne 1 ou 2 portions.

NACHOS

   1 boîte de croustilles à saveur de tortilla (250 g)
 375 mL de cheddar râpé
 125 g de piment vert coupé en dés
  75 g d'olives noires hachées
       sauce au piment rouge

Poser les croustilles dans un plat de service. Garnir de cheddar râpé, de piment vert et d'olives. Napper de sauce au piment rouge. Faire chauffer à faible température pendant 2 minutes. Donne de 4 à 6 portions.

Variation: Remplacer le cheddar par du Monterey Jack parfumé au piment jalapeño. Faire chauffer à faible température pendant 2 minutes.

CACAO

```
 60  mL de sucre
 60  mL de poudre de cacao non sucrée
250  mL d'eau
750  mL de lait
```

Mélanger le sucre et la poudre de cacao dans un bol contenant 1,5 L. Ajouter l'eau. Faire chauffer à température élevée pendant 1 minute et demie et remuer à une occasion. Ajouter le lait. Faire chauffer à température élevée pendant 3 minutes, ou jusqu'à ce que le breuvage soit très chaud sans toutefois l'amener à ébullition. Donne 5 ou 6 verres.

PUNCH AU BOURGOGNE ET AUX CANNEBERGES

```
0,5  L de jus de canneberges
250  mL d'eau
180  mL de sucre
  2  bâtonnets de cannelle
  6  clous de girofle
  1  bouteille de bourgogne
  1  citron coupé en tranches
```

Mélanger dans un bol contenant 3 L le jus de canneberges, l'eau, le sucre, les bâtonnets de cannelle et les clous de girofle. Couvrir et faire chauffer à température élevée pendant 10 minutes. Passer le liquide au tamis. Verser de nouveau le jus de canneberges dans le bol et y ajouter le bourgogne et les tranches de citron. Faire chauffer à température élevée pendant 5 minutes ou jusqu'à ce que le punch soit très chaud. Donne entre 12 et 15 tasses.

CIDRE CHAUD

  1 L de cidre
 60 mL de sucre brut bien tassé
  1 bâtonnet de cannelle
  3 clous de girofle
     tranches d'orange

Mettre le cidre, le sucre, les bâtonnets de cannelle et les clous de girofle dans un pot gradué de 2 L et faire chauffer à température élevée pendant 6 minutes. Passer le breuvage au tamis et servir chaud. Garnir de tranches d'orange. Donne 4 verres.

LES POTAGES ET LES SANDWICHS

CHAUDRÉE DE PALOURDES À LA MODE DE LA NOUVELLE-ANGLETERRE

  2 tranches de bacon coupées en dés
  1 oignon moyen coupé en dés
  2 pommes de terre, pelées, coupées en dés
  2 boîtes (250 mL) de palourdes hachées, égouttées
     (réserver leur jus)
     suffisamment d'eau pour faire 500 mL
 60 mL de beurre fondu
 60 mL de farine non tamisée
750 mL de lait
  ¾ cuillerée à thé de sel
  ⅛ cuillerée à thé de poivre

Mettre le bacon dans une casserole contenant 3 L et faire cuire à température élevée pendant 3 minutes. Ajouter les oignons et les pommes de terre en dés. Couvrir et faire cuire à température élevée pendant 5 minutes. Verser l'équivalent de 500 mL de jus de palourdes allongé d'eau. Couvrir et faire cuire à température élevée pendant 8 à 10 minutes ou jusqu'à ce que les dés de pommes de terre aient amolli. Faire fondre le beurre dans un bocal gradué pouvant contenir 500 mL de liquide. Ajouter en tournant la farine et incorporer ce mélange aux pommes de terre. Couvrir et faire cuire à température élevée pendant 4 ou 5 minutes, jusqu'à ce que le potage soit bien chaud. Donne entre 4 et 6 portions.

POTAGE CAMPAGNARD À L'IRLANDAISE

  1 boîte de crème de pommes de terre concentrée (350 g)
  1 sac de pois verts surgelés en sauce à la crème (250 g)
  1 bouillon cube au poulet
500 mL de lait

Mélanger dans un bol contenant 1,5 L le concentré de pommes de terre, les pois, le bouillon cube et le lait. Faire chauffer à température élevée pendant 8 à 10 minutes ou jusqu'à ce que le potage bouillonne, en remuant souvent. Verser dans le récipient du mélangeur et broyer jusqu'à ce que les pois soient réduits en purée. Donne 4 portions.

RAGOÛT AUX HUÎTRES

  4 cuillerées à soupe de beurre
500 mL d'huîtres fraîches, égouttées dont on
     réserve le jus
  1 boîte de lait condensé non sucré (400 g)
350 mL d'eau
     environ 60 mL de jus d'huîtres
  ½ cuillerée à thé de sel
  ½ cuillerée à thé de poivre
     ciboulette hachée

Mettre le beurre dans une casserole contenant 1 L et faire fondre à température élevée pendant 45 secondes. Ajouter les huîtres égouttées. Faire cuire à température élevée jusqu'à ce qu'elles gondolent, soit 4 ou 5 minutes. Ajouter le lait, l'eau, le jus des huîtres, le sel et le poivre. Faire chauffer à température élevée pendant 4 autres minutes en amenant presque au point d'ébullition. Ne jamais faire bouillir le lait. Garnir de ciboulette hachée. Donne 4 à 6 portions.

CONSOMMÉ DE TOMATE

625 mL de jus de tomate
  1 boîte de consommé de boeuf concentré (300 g)
  ¼ cuillerée à thé de sel épicé
  ¼ cuillerée à thé de basilic séché
  ¼ cuillerée à thé de sucre
  4 tranches de citron
  8 clous de girofle

Mélanger dans un bol contenant 1,5 L le jus de tomate, le consommé, le sel épicé, le basilic et le poivre. Piquer les tranches de citron de clous de girofle. Ajouter au potage. Faire chauffer à température élevée pendant 6 minutes. Donne 4 ou 5 portions.

CRÈME DE POULET

  6 cuillerées à soupe de beurre ou de margarine
 80 mL de farine
500 mL de lait
500 mL de bouillon de poulet (ou l'équivalent
      préparé à partir d'un bouillon cube)
  ½ cuillerée à thé de sel épicé
250 mL de morceaux de poulet cuit, haché

Mettre le beurre (ou la margarine) dans un bol contenant 2,5 L et faire fondre à température élevée pendant 45 secondes. Ajouter en tournant la farine, puis le lait, le bouillon et le sel épicé. Faire chauffer à température élevée pendant 6 minutes en remuant souvent. Ajouter les morceaux de poulet. Faire cuire pendant 1 minute. Donne 4 à 6 portions.

POTAGE MINESTRONE

1,25 mL d'eau chaude
500 g de jarret de boeuf ou de boeuf à ragoût
  1 petit oignon coupé en dés
  ¼ cuillerée à thé de poivre
  ½ cuillerée à thé de basilic
125 mL de carottes coupées en dés
  1 boîte de tomates en conserve (500 g)
125 mL de spaghettis non cuits, rompus en
      traits de 2,5 cm
  2 courgettes italiennes de grosseur moyenne
      (entre 20 et 25 cm de long), tranchées
  1 boîte de haricots rouges (500 g), égouttés
250 mL de chou râpé
  1 cuillerée à thé de sel
    parmesan ou romano râpé

Mettre le boeuf dans une casserole contenant 4 L, y verser
l'eau; ajouter l'oignon, le poivre et le basilic. Couvrir. Faire
cuire à température élevée pendant 25 minutes ou jusqu'à
ce que la viande soit tendre, en remuant à au moins une
reprise. Désosser et découper en cubes. Ajouter les cubes
de boeuf au bouillon, puis les dés de carotte et les tomates.
Faire cuire à température élevée pendant 8 minutes.
Ajouter en tournant les pâtes, les courgettes, les haricots,
le chou et le sel. Couvrir. Faire cuire à température élevée
pendant 10 autres minutes et remuer une fois. Laisser reposer plusieurs minutes sans découvrir. Saupoudrer de fromage râpé. Donne 6 portions.

SOUPE DE POIS CASSÉS

  1 jarret de porc cuit
2,25 L d'eau
  1 cuillerée à thé de sel
  ¼ cuillerée à thé de poivre
  1 petit oignon haché

    1 branche de céleri hachée
    1 carotte pelée, hachée
500 g de pois verts cassés

Mettre le jarret et l'eau dans une casserole contenant 4 L.
Y ajouter le sel, le poivre, l'oignon, le céleri, la carotte et
les pois. Couvrir. Faire cuire à température élevée pendant
25 minutes. Enlever le jarret de la casserole et découper la
viande en dés. Déposer les dés de porc dans le bouillon.
Couvrir et faire cuire à température élevée pendant 30
minutes additionnelles ou jusqu'à ce que les pois aient
amolli. On peut épaissir avec de la farine si on le souhaite.
On peut passer la soupe au mélangeur électrique afin
d'obtenir une consistance homogène. Donne de 6 à 8 portions.

SANDWICHS À LA REUBEN

    2 boîtes (90 g) de jambon pressé finement
         tranché ou de corned-beef haché
500 mL de fromage suisse râpé (250 g)
250 g de choucroute bavaroise égouttée
  ¼ cuillerée à thé de graines d'aneth
125 mL de vinaigrette des Mille-Iles
    8 à 12 tranches de pain de seigle (ou seigle
         et aneth)

Mélanger tous les ingrédients, à l'exception du pain, dans
un bol contenant 2,5 L. Remuer délicatement afin de
mélanger et napper de vinaigrette. Poser entre 4 et 6
tranches de pain dans chaque assiette (selon leur dimension). Mettre une généreuse part de garniture sur chaque
tranche. Faire chauffer à température moyenne pendant 4
à 6 minutes ou jusqu'à ce que le fromage commence à fondre. Poser sur chaque tartine les tranches de pain qui
restent. Faire chauffer à feu moyen pendant 30 secondes,
peut-être 1 minute, pour que le pain soit bien chaud.
Donne entre 4 et 6 portions.

LES VIANDES ET LES VOLAILLES

COURGES FARCIES AU BOEUF

   2 courges de grosseur moyenne
   4 tranches de bacon, coupées en dés
  60 mL d'oignon haché
   ½ cuillerée à thé de sel
 500 g de boeuf haché maigre
   ½ cuillerée à thé de sel
  60 mL de chapelure fine
   1 cuillerée à soupe de beurre ou de
      margarine

Faire cuire la courge entière posée sur un essuie-tout à
température élevée pendant 8 ou 9 minutes, ou jusqu'à ce
qu'elle ait amolli. Laisser reposer pendant 5 minutes. Faire
cuire le bacon et l'oignon dans une casserole contenant 2
L à température élevée pendant 3 minutes. Ajouter la ½
cuillerée à thé de sel et le boeuf haché. Faire cuire à température élevée pendant 4 ou 5 minutes en remuant souvent. Découper les courges cuites dans le sens de la
longueur; les épépiner et les défibrer. Évider soigneuse-
ment les tranches de courges et réserver la pelure. Dans
un petit bol, fouetter la chair des courges avec la ½
cuillerée à thé de sel. Ajouter au mélange à base de boeuf
haché. Farcir les écorces de courges. Verser la chapelure
dans un bocal gradué contenant 250 mL et y ajouter le
beurre (ou la margarine). Faire chauffer à température
élevée pendant 1 minute. Bien mélanger. Hausser la
plaque d'un cran. Faire cuire les courges farcies à température moyenne pendant 3 minutes. Garnir de
chapelure au beurre et faire dorer pendant 5 minutes.
Donne 4 portions.

STEAK DE FLANCHET FARCI

   1 steak de flanchet (environ 625 g), incisé des 2 côtés
180 mL de chapelure fine
   1 boîte de champignons tranchés, égouttés (90 g)
   2 cuillerées à soupe de beurre fondu (ou de margarine)
   1 cuillerée à soupe de parmesan râpé
   1 sachet de sauce brune déshydratée (22,5 g)
 60 mL de vin rouge sec
   2 cuillerées à soupe d'oignon vert haché
   1 cuillerée à soupe d'huile à salade
   1 gousse d'ail
 60 mL de gelée de groseilles

Mélanger la chapelure, les champignons, le beurre et le parmesan. Étaler ce mélange sur le steak et le rouler sur lui-même, à la manière d'un gâteau roulé. Fixer le rouleau à l'aide de cure-dents. Préparer la sauce brune selon les directives paraissant sur le sachet. Faire chauffer à température élevée pendant 4½ ou 5½ minutes, en remuant une seule fois. Ajouter le vin et l'oignon vert. Verser l'huile et mettre l'ail dans un plat de 20 cm par 30 cm; faire chauffer à température élevée pendant 2 minutes. Enlever l'ail. Enrober le steak roulé d'huile. Verser la sauce, le vin et l'oignon vert sur la viande. Couvrir d'une pellicule en cellophane. Faire cuire à faible température pendant 35 minutes, en faisant pivoter la plaque tournante à une reprise. Laisser reposer pendant 10 minutes. Enlever le steak roulé du plat et ajouter la gelée de groseilles à la sauce. Faire cuire à température élevée pendant 2 minutes pour que la gelée se dissolve. Napper le steak de cette sauce. Donne de 4 à 6 portions.

STEAK SUISSE

750 g de steak dans la ronde
 60 mL de farine
   1 sachet d'assaisonnement pour le steak suisse (30 g)
   1 boîte de sauce tomate (250 g)
125 mL d'eau

Découper la tranche de steak en bouchées, puis les enfariner. Répartir les bouchées en un seul étage dans un sac à rôtissage. Dans un bocal gradué contenant 500 mL, mélanger l'assaisonnement pour le steak suisse, la sauce tomate et l'eau. Faire chauffer à température élevée pendant 4 minutes. Verser la sauce dans le sac à rôtissage. Fermer le sac à l'aide d'une ficelle ou d'une bande élastique et le poser dans un plat mesurant 20 cm par 30 cm. Percer 4 trous dans la partie supérieure du sac. Laisser mariner pendant 10 minutes. Faire chauffer à faible température pendant 25 minutes. Laisser reposer pendant 10 minutes. Donne 4 ou 5 portions.

PÂTÉS DE VIANDE FARCIS EN SAUCE AU FROMAGE

180 mL de mélange à sauce crémeuse (cf. p. 212)
310 mL de lait
180 g de fromage piquant râpé
  1 oeuf légèrement fouetté
250 mL de chapelure fine
500 g de boeuf haché maigre
  1 boîte de champignons en tranches, égouttés (90 g)
125 mL de riz cuit
  1 cuillerée à soupe d'oignon vert haché

Mélanger le sachet à sauce crémeuse et le lait dans un bocal gradué contenant 1 L. Faire chauffer à température élevée pendant 2 minutes ou 2 minutes et demie, jusqu'à ce que la sauce bouillonne et épaississe. Remuer à une reprise. Ajouter le fromage et remuer jusqu'à ce qu'il ait fondu. Mélanger l'oeuf, 80 mL de sauce au fromage et la chapelure dans un bol de grosseur moyenne. Incorporer le boeuf haché. Façonner en 4 pâtés ronds faisant 15 cm de diamètre. Mélanger 60 mL de champignons, le riz et l'oignon vert. Mettre 2 cuillerées à soupe de farce aux champignons au centre de chaque pâté; replier le pourtour du cercle sur la farce et sceller. Faire cuire dans un plat mesurant 20 cm par 30 cm à température élevée pendant 5 ou 6 minutes et tourner les pâtés au mitan de la cuisson. Ajouter les champignons qui restent à la sauce au fromage et napper les pâtés de viande. Faire chauffer à température élevée pendant 1 minute et demie. Napper les pâtés de sauce avant de servir. Donne 4 portions.

BOULETTES DE VIANDE

    3 oeufs
  125 mL de lait
  750 mL de chapelure fine
  125 mL d'oignon haché fin
    1 cuillerée à soupe d'origan
    2 cuillerées à thé de sel
  1,5 kg de boeuf haché

Fouetter les oeufs dans un bol profond; ajouter en tournant le lait, la chapelure, l'oignon, l'origan et le sel. Incorporer la viande hachée. Façonner 72 boulettes de 2,5 cm de diamètre. Les disposer dans un grand plateau; enfiler le plateau dans un sac en plastique et fermer le sac. Mettre au congélateur jusqu'à ce que les boulettes durcissent. Mettre les boulettes dans des sacs servant à la congélation, à raison de 24 boulettes par sac. Fermer le sac et conserver au congélateur. Donne 72 boulettes.

BOULETTES À LA CHINOISE

  750 g de boeuf haché
  180 mL de céleri haché
  125 mL de chapelure fine
   60 mL d'amandes hachées
    1 gros oeuf
    1 cuillerée à soupe de sauce soya
    1 gousse d'ail émincée
    1 cuillerée à thé de sel
   ½ cuillerée à thé de glutamate de sodium
       sauce aigre-douce (cf. p. 211)

Bien mélanger tous les ingrédients. Façonner de petites boulettes de la taille d'une noix. Les mettre sur une clayette métallique posée dans un plat mesurant 20 cm par 30 cm, en veillant à ce que les boulettes ne se touchent pas. Couvrir d'un essuie-tout. Faire cuire à température élevée pendant 5 à 7 minutes. Faire dorer pendant 6 minutes. Servir avec une sauce aigre-douce (cf. p. 211) comme amuse-gueule ou comme plat principal. Donne 4 à 6 portions.

BOEUF TERIYAKI AU BACON

     8 tranches de bacon
   500 g de boeuf haché
    60 mL de sauce soya
     2 cuillerées à soupe de jus de citron
     2 cuillerées à soupe de miel
     2 cuillerées à soupe de vin blanc
     1 gousse d'ail
    ¼ cuillerée à thé de gingembre moulu

Mettre les tranches de bacon sur une clayette métallique posée dans un plat mesurant 20 cm par 30 cm. Faire cuire à température élevée pendant 2 minutes. Façonner 4 pâtés de boeuf haché. Barder chaque pâté de 2 tranches de bacon, assujetties à l'aide de cure-dents. Poser les pâtés dans un plat peu profond. Mélanger les autres ingrédients, verser sur les pâtés et réfrigérer pendant plusieurs heures. Égoutter les pâtés, puis les mettre sur la clayette posée dans le plat. Faire cuire à température élevée pendant 5 ou 6 minutes, ou jusqu'à ce que la viande ait atteint le degré de cuisson voulu. Hausser la plaque d'un cran et faire dorer pendant 4 minutes. Donne 4 portions.

PAIN DE VIANDE

POUR 4 PORTIONS:
   500 g de boeuf haché maigre
     1 oeuf
   125 mL de chapelure à l'italienne (ou de
          chapelure ordinaire, si l'on préfère)
    60 mL de lait
   125 mL de fromage suisse, coupé en dés
     2 cuillerées à soupe de ketchup
     2 cuillerées à soupe de soupe à l'oignon déshydratée
     2 cuillerées à soupe de sauce soya

POUR 6 À 8 PORTIONS:

   1 kg de boeuf haché maigre
   1 oeuf
250 mL de chapelure à l'italienne (ou de
       chapelure ordinaire, si l'on préfère)
125 mL de lait
250 mL de fromage suisse, coupé en dés
   4 cuillerées à soupe de ketchup
   3 cuillerées à soupe de soupe à l'oignon déshydratée
   3 cuillerées à soupe de sauce soya

Mélanger tous les ingrédients et verser le mélange dans un moule ayant la forme d'un pain (ou façonner un pain à la main et faire cuire dans une casserole contenant 2 L). S'il s'agit d'un pain de viande de 500 g, le faire cuire à température moyenne pendant 12 à 14 minutes; s'il s'agit d'un pain de viande d'un kg, le faire cuire à température moyenne pendant 20 ou 22 minutes. Hausser la plaque d'un cran et faire dorer pendant 5 minutes.

PAINS DE VIANDE INDIVIDUELS

125 mL de chapelure fine
125 mL de lait condensé non sucré
   2 oeufs légèrement fouettés
   1 cuillerée à thé de sel
 ⅛ cuillerée à thé de poivre
   1 petit oignon haché fin
 ¼ cuillerée à thé de thym moulu
750 g de boeuf haché maigre
125 g de fromage américain
180 mL de sauce chili
   1 cuillerée à thé de sauce Worcestershire
   1 cuillerée à thé de moutarde préparée

Mélanger dans un bol la chapelure, le lait, les oeufs, le sel, le poivre, l'oignon et le thym. Ajouter la viande et bien remuer. Couper le fromage en 6 cubes. Diviser la viande en 6 parts égales et en enrober chacun des cubes de fromage, de manière à façonner un petit pain. Les poser dans un plat mesurant 20 cm par 30 cm. Couvrir d'une feuille de papier ciré. Faire cuire à température élevée pendant 4 minutes. Faire pivoter la plaque tournante et laisser cuire pendant 4 autres minutes. Enlever le surplus de gras. Mélanger la sauce chili, la sauce Worcestershire et la moutarde. Verser sur les pains de viande. Faire cuire à découvert à température élevée pendant 2 minutes. Donne 6 portions.

SAUCE À LA VIANDE CLASSIQUE

1,5	kg de boeuf haché maigre
2	oignons de grosseur moyenne, hachés
2	gousses d'ail émincées
180	mL de céleri haché fin
1	boîte de tomates en morceaux (900 g)
3	boîtes de concentré de tomates (180 g)
250	mL de bouillon de boeuf
2	cuillerées à soupe de persil haché
1	cuillerée à soupe de sauce Worcestershire
1	cuillerée à thé de sel
1	cuillerée à thé de sucre brut
½	cuillerée à thé de poivre
1	feuille de laurier

Mélanger le boeuf haché, l'oignon, l'ail et le céleri dans une casserole contenant 4 L. Couvrir et faire chauffer à température élevée pendant 10 minutes et remuer à 2 reprises. Enlever l'excédent de gras. Ajouter les autres ingrédients et couvrir. Faire chauffer à température élevée pendant 20 minutes et remuer à 2 reprises. Verser la sauce, en tout ou en partie, sur le plat principal ou la mettre à congeler en prévision d'une éventuelle utilisation. Faire congeler dans des bocaux contenant 1 L et laisser décongeler avant l'emploi. Donne environ 3 L de sauce.

PÂTÉ AU BOEUF ET AUX POMMES DE TERRE

1	oeuf fouetté
180	mL de chapelure fine
125	mL de lait

¼ cuillerée à thé de sel
  poivre
500 g de boeuf haché maigre
125 mL d'oignons verts hachés
 80 mL de sauce chili
  1 cuillerée à thé de moutarde préparée
750 mL de dés de pommes de terre cuits
125 mL de cheddar râpé

Mélanger l'oeuf, la chapelure, le lait, le sel et le poivre.
Ajouter le boeuf haché et bien mélanger. Tapisser de ce
mélange le fond et le rebord d'une assiette à tarte de 23 cm
de diamètre. Faire chauffer à température élevée pendant
3 minutes. Mélanger l'oignon, la sauce chili et la moutarde.
Verser sur les pommes de terre et remuer quelque peu. A
l'aide d'une cuiller, garnir le fond de viande hachée. Garnir
de cheddar râpé. Faire dorer pendant 4 minutes. Donne 4
portions.

ESCALOPES DE VEAU

500 g d'escalopes de veau
 60 mL de farine
 60 mL de beurre ou de margarine
  1 gousse d'ail émincée
  4 gros champignons frais, en tranches
 60 mL de vin blanc sec
  1 bouillon cube de poulet
 60 mL d'eau bouillante
    sel et poivre

Découper les escalopes en bouchées et les enfariner. Mettre
le beurre (ou la margarine) et l'ail dans un plat mesurant 20
cm par 30 cm et faire fondre à température élevée pendant
1 minute. Enduire les bouchées de veau de beurre fondu.
Faire chauffer à température élevée pendant 2 minutes.
Remuer et faire chauffer pendant 2 autres minutes à température élevée. Ajouter les champignons, le vin et le bouillon cube dissous dans l'eau bouillante. Couvrir d'une feuille
de papier ciré. Faire cuire à température élevée pendant 2
minutes de plus. Saler et poivrer. Donne 4 portions.

FOIE DE VEAU AUX OIGNONS

      4 tranches de bacon
      1 oignon de grosseur moyenne, en tranches
    500 g de foie de veau en tranches
         sel et poivre

Mettre les tranches de bacon sur une clayette métallique
posée dans un plat mesurant 20 cm par 30 cm. Faire cuire
à température élevée pendant 3 ou 4 minutes. Couvrir
d'un essuie-tout pour absorber les éclaboussures. Enlever
les tranches de bacon, retirer la clayette du four et laisser
reposer le bacon afin qu'il devienne croustillant. Jeter les
tranches d'oignon dans le gras de bacon et remuer afin de
les enduire; faire chauffer à température élevée pendant 3
ou 4 minutes, de sorte qu'ils soient dorés, et remuer à une
reprise. Mettre les oignons le long de la paroi du plat et déposer les tranches de foie, en prenant soin de les enduire
de gras de bacon. Saler et poivrer. Garnir les tranches de
foie d'oignons dorés. Émietter les tranches de bacon et
saupoudrer les miettes sur les oignons. Couvrir d'une
feuille de papier ciré. Faire chauffer à température élevée
pendant 2 minutes et demie ou 3 minutes et demie, de
sorte que le foie ne soit plus rosé. Faire pivoter le plateau
tournant et tourner les tranches de foie. Faire dorer au
goût. Donne 4 portions.

RÔTI BRAISÉ, RECETTE ÉCLAIR

      1 rôti de boeuf dans le paleron, surgelé (1,5 kg)
      1 sachet de préparation de soupe à l'oignon
         déshydratée (45 g)
      4 pommes de terre nouvelles pelées et
         tranchées en quartiers
    250 mL de morceaux de céleri de 2,5 cm
    500 mL de bâtonnets de carottes de 5 cm
         quelques rondelles d'oignon

Mettre le rôti surgelé dans une casserole contenant 3 L et couvrir. Faire chauffer à faible température pendant 30 minutes. Tourner la pièce de viande et la saupoudrer de la moitié du sachet de préparation de soupe à l'oignon déshydratée. Couvrir et faire chauffer à faible température pendant 30 autres minutes. Retourner la pièce de viande et la saupoudrer du reste de la préparation. Disposer les légumes autour du rôti et les rondelles d'oignon sur le dessus. Couvrir et faire chauffer à faible température pendant 20 à 30 minutes jusqu'à ce que la viande et les légumes soient tendres. Laisser reposer sans découvrir pendant 10 minutes. Donne 4 à 6 portions.

CÔTELETTES D'AGNEAU EN SAUCE À LA MENTHE

125 mL de vinaigre de vin
125 mL de gelée aux pommes et à la menthe
  2 cuillerées à soupe de sucre brut
  1 cuillerée à soupe de jus de citron
  1 cuillerée à thé de zeste de citron
  ½ cuillerée à thé de moutarde en poudre
  6 côtelettes d'agneau d'une épaisseur de 2,5 cm
    sel et poivre

Mélanger dans un bocal gradué contenant 1 L le vinaigre, la gelée, le sucre, le jus et le zeste de citron, ainsi que la moutarde. Faire chauffer à température élevée pendant 2 minutes pour que la gelée fonde et remuer à une reprise. Laisser quelque peu refroidir, puis verser sur les côtelettes. Laisser mariner pendant plusieurs heures. Égoutter et réserver la marinade. Mettre les côtelettes sur une clayette métallique posée dans un plat mesurant 20 cm par 30 cm. Les badigeonner de marinade. Hausser la plaque d'un cran et faire chauffer à température élevée pendant 4 minutes. Tourner les côtelettes et les badigeonner de marinade. Hausser la plaque d'un autre cran et faire cuire à température élevée pendant 4 minutes. Saler, poivrer et faire dorer pendant 5 minutes. Donne 3 portions.

RÔTI D'AGNEAU GLACÉ AU CITRON

1 rôti d'agneau désossé (2,5 kg)
　poivre frais moulu
1 cuillerée à thé d'origan moulu
3 gousses d'ail
¼ tasse de beurre
⅓ tasse de jus de citron
1 cuillerée à thé de sauce soya

Saupoudrer tout le tour du rôti de poivre et d'origan. Couper une gousse d'ail et la frotter sur la pièce de viande. Écraser l'ail qui reste. Dans un bol gradué contenant 250 mL, faire fondre le beurre à température élevée pendant 40 secondes. Ajouter le jus de citron, la sauce soya et l'ail écrasé. Mettre le rôti, la peau en dessous, sur une clayette métallique posée dans un plat mesurant 20 cm par 30 cm. Verser la moitié de la sauce sur le rôti et faire cuire à température moyenne pendant 12 minutes. Faire pivoter la plaque tournante et poursuivre la cuisson pendant 12 autres minutes. A présent, tourner le rôti. On peut protéger les extrémités et les parties plus minces contre une cuisson excessive en y apposant des morceaux de papier alu. Verser le reste de la sauce et faire cuire à température moyenne pendant 12 minutes. Faire pivoter la plaque tournante et faire cuire pendant 14 minutes. Faire dorer pendant 4 ou 5 minutes. Sortir le plat du four, couvrir d'une feuille de papier alu et laisser reposer pendant 20 minutes. Donne environ 6 portions.

RÔTI DE PORC GLACÉ À L'ANANAS

1 cuillerée à soupe de fécule de maïs
1 cuillerée à soupe de jus de citron
1 boîte d'ananas broyé dans son jus (250 g)
250 mL de nectar à l'abricot
2 cuillerées à soupe de sauce soya
1 cuillerée à soupe de sirop de maïs
1 rôti de porc dans le filet (2 kg)
　sel et poivre

Délayer la fécule de maïs et le jus de citron dans un bocal gradué contenant 1 L. Ajouter en tournant l'ananas broyé et son jus, le nectar à l'abricot, la sauce soya et le sirop de maïs. Faire chauffer à température élevée pendant 4 minutes et remuer à 2 reprises. Mettre de côté. Mettre le rôti, le côté gras en dessous, sur une clayette métallique posée dans un plat mesurant 20 cm par 30 cm. Badigeonner de sauce à l'ananas et couvrir d'une feuille de papier ciré. Faire cuire à température moyenne pendant 9 minutes. Faire pivoter d'un demi-tour la plaque tournante. Faire cuire pendant 9 autres minutes. Tourner le rôti, de sorte que le côté gras soit sur le dessus et badigeonner de sauce. Faire cuire à température moyenne pendant 9 autres minutes. Saler et poivrer. Faire de nouveau pivoter d'un demi-tour la plaque tournante. Faire cuire une dernière fois à température moyenne pendant 9 minutes. Badigeonner de sauce. Faire dorer pendant 5 minutes, laisser reposer le rôti pendant 10 minutes avant de le trancher. Napper de sauce au moment de servir. Donne 4 à 6 portions.

PORC À LA MODE HAWAÏENNE

750 mL de cubes de porc cuit (environ 750 g)
 80 mL de sucre brut bien tassé
  2 cuillerées à soupe de fécule de maïs
  ½ cuillerée à thé de gingembre moulu
  ¼ cuillerée à thé de poudre d'ail
 60 mL de sauce soya
  2 cuillerées à soupe de ketchup
  1 oignon grossièrement haché
  1 poivron vert coupé en dés
  1 boîte de morceaux d'ananas conservés
     dans leur jus (600 g)
 80 mL de vinaigre de vin
 60 mL de sauce soya
  1 cuillerée à soupe de fécule de maïs
  1 boîte de châtaignes égouttées (250 g)
  1 boîte de champignons tranchés (90 g)

Mettre les cubes de porc dans une casserole en verre contenant 2,5 L. Mélanger le sucre brut, la fécule de maïs, le gingembre et la poudre d'ail dans un bocal gradué contenant 500 mL. Ajouter en tournant la sauce soya et le ketchup. Verser sur les dés de porc et remuer de sorte qu'ils soient bien enrobés de sauce. Faire chauffer à température élevée pendant 3 minutes. Ajouter les morceaux d'oignon et les dés de poivron vert. Faire chauffer à température élevée pendant 4 minutes. Égoutter les morceaux d'ananas en prenant soin de réserver le jus. Au jus d'ananas, ajouter suffisamment d'eau pour obtenir 250 mL de liquide. Ajouter le vinaigre et la sauce soya. Incorporer la fécule de maïs. Verser sur les cubes de porc. Faire chauffer à température élevée pendant 6 ou 7 minutes jusqu'à épaississement de la sauce. Ajouter les châtaignes et les morceaux d'ananas. Poursuivre la cuisson à température élevée pendant 2 ou 3 autres minutes. Servir sur un lit de riz. Donne 4 à 6 portions.

POIVRONS FARCIS

    3 gros poivrons verts
  500 g de chair de saucisse
  180 mL d'oignon haché
    1 boîte de grains de maïs égouttés (250 g)
    3 cuillerées à soupe de ketchup
   ¼ cuillerée à thé de sel d'ail
    1 boîte de sauce tomate (250 g)
  125 mL de cheddar râpé

Laver les poivrons et les trancher en 2 sur le sens de la longueur. Équeuter et épépiner. Faire cuire les poivrons dans une casserole couverte contenant 4 L à température élevée pendant 4 minutes. Dans une casserole contenant 2 L, faire cuire la chair de saucisse et l'oignon à température élevée pendant 5 minutes; remuer à une reprise. Enlever l'excédent de gras. Ajouter en tournant le maïs, le ketchup et le sel d'ail. Farcir les poivrons. Remettre les poivrons farcis dans la casserole, y verser la sauce tomate et couvrir. Faire cuire à température élevée pendant 5 minutes. Garnir de fromage râpé. Faire cuire à découvert pendant 1 minute de plus. Donne 6 portions.

KEBABS AU JAMBON À L'ORIENTALE

1 poivron vert
1 boîte de morceaux d'ananas égouttés (425 g),
        dont on réserve 60 mL de sirop
500 g de jambon cuit, coupé en cubes de 2,5 cm

Sauce aux prunes
1 boîte de prunes égouttées (500 g)
180 mL de sucre
2 cuillerées à soupe de fécule de maïs
80 mL de vinaigre
60 mL de sirop d'ananas en conserve
2 cuillerées à thé d'oignon haché déshydraté
½ cuillerée à thé de sel

Laver le poivron et le trancher en 2 sur le sens de la longueur.
Équeuter et épépiner. Poser les moitiés de poivron sur un essuie-tout et les faire chauffer à température élevée pendant 1
minute et demie. Les couper en carrés. Égoutter les
morceaux d'ananas et réserver leur jus. Enfiler tour à tour les
cubes de jambon, les morceaux d'ananas et les carrés de
poivron sur des brochettes en bois. Badigeonner de sauce aux
prunes. Hausser la plaque d'un cran et faire cuire à température élevée pendant 2 minutes. Faire dorer pendant 3 minutes et demie. Tourner les kebabs, les badigeonner de sauce.
Faire dorer pendant 3 ou 4 minutes. Donne 4 portions.
   Sauce aux prunes: Dénoyauter les prunes et les passer au
mélangeur pour les réduire en purée. Mélanger le sucre et la
fécule de maïs. Dans un bocal gradué contenant 1 L, ajouter
la fécule sucrée au vinaigre, au jus d'ananas, à l'oignon et au
sel. Faire chauffer à température élevée pendant 5 minutes
et remuer à 2 reprises. Incorporer à la purée de prunes.

CÔTELETTES DE PORC À LA BAVAROISE

1 boîte de choucroute égouttée (500 g)
¼ cuillerée à thé de graines de carvi
1 pomme sans le trognon, pelée, râpée
4 côtelettes de porc (750 g à 1 kg)
   sel et poivre

Mélanger la choucroute, les graines de carvi et la pomme râpée dans un plat mesurant 20 cm par 30 cm. Poser dessus les côtelettes et couvrir d'une feuille de papier ciré. Faire cuire à température moyenne pendant 4 ou 5 minutes, puis tourner les côtelettes. Faire cuire pendant 4 ou 5 autres minutes. Saler et poivrer. Donne 6 portions.

POULET AU FOUR

1 poulet à frire, en morceaux (1,5 kg)
1 sachet de panure épicée

Enduire les morceaux de poulet de panure selon les directives paraissant sur le sachet. Disposer les morceaux de poulet dans un plat mesurant 20 cm par 30 cm, la peau en dessous, et couvrir d'un essuie-tout. Hausser la plaque d'un cran. Faire cuire à température élevée pendant 10 minutes. Faire pivoter la plaque tournante et faire cuire pendant 10 ou 11 minutes de plus. Faire dorer pendant 6 minutes. Donne 4 portions.

POULET FARCI DANS SA SAUCE

1 poulet à rôtir (2 kg)
1 sachet de préparation à farce (200 g)
   huile à salade

Sauce
125 mL de jus de cuisson
 60 mL de farine
375 mL d'eau chaude ou de bouillon
     sel et poivre

Rincer le poulet et l'éponger à l'aide d'un essuie-tout. Préparer la farce selon les directives paraissant sur le sachet. Farcir le poulet puis le trousser. Le poser sur une clayette métallique, la poitrine en dessous, dans un plat mesurant 20 cm par 30 cm. Le badigeonner d'huile et le faire cuire à température moyenne pendant 10 minutes. Tourner le poulet et le badigeonner avec le jus de cuisson.

Faire cuire à température moyenne pendant 10 autres minutes. Faire pivoter la plaque tournante. Faire cuire pendant 10 minutes de plus. Faire dorer pendant 6 minutes. Après que le poulet ait doré, l'enlever du plat, le couvrir et le laisser reposer pendant 5 minutes. Servir accompagné de la sauce qui suit. Donne 6 portions.

Sauce pour accompagner le poulet: Réserver 125 mL du jus de cuisson. Ajouter en tournant la farine, de manière à former une pâte homogène. Faire cuire à température élevée pendant 3 minutes et remuer à 2 reprises. Verser l'eau chaude ou le bouillon. Faire cuire à température élevée pendant 3 ou 4 minutes, jusqu'à épaississement. Saler et poivrer au goût. Donne 500 mL.

POULET AU PARMESAN

   1 poulet coupé en morceaux
  80 mL de beurre ou de margarine
375 mL de parmesan râpé
   3 cuillerées à thé de paprika
   2 cuillerées à thé de sel
   1 cuillerée à thé de poivre

Mettre le beurre (ou la margarine) dans un plat mesurant 20 cm par 30 cm et le faire fondre à température élevée pendant 40 secondes. Enduire de beurre fondu les morceaux de poulet. Mélanger le reste des ingrédients dans un sac et y mettre les morceaux de poulet, un à la fois. Remuer pour bien enduire chacun des morceaux. Mettre les morceaux dans le plat, la peau en dessous, en disposant les morceaux les plus gros le long des parois. Couvrir d'un essuie-tout qui absorbera les éclaboussures de gras. Faire cuire à température moyenne, à raison de 10 minutes par demi-kilo. Après la première demi-heure de cuisson, tourner les morceaux de poulet, saupoudrer du mélange au parmesan qui reste et terminer la cuisson à température moyenne. Faire dorer au goût. Donne 4 portions.

POULET À LA CRÈME

  1 sac de pois verts en crème surgelés
180 mL de lait
  1 cuillerée à soupe de beurre ou de
      margarine
     cari
250 mL de dés de poulet cuit

Mettre les pois surgelés, le lait et le beurre (ou la margarine) dans une casserole contenant 2 L. Couvrir et faire chauffer à température élevée pendant 5 minutes. Sortir du four. Ajouter le cari à volonté et remuer jusqu'à obtention d'un mélange homogène. Ajouter les dés de poulet et faire cuire à température élevée pendant 1 ou 2 minutes. Servir sur un lit de riz. Donne 2 portions.

SALADE DE POULET AU CARI

  1 poulet rôti sur le barbecue,
     sans la peau, coupé en cubes
310 mL de céleri haché
  1 petit pot de piments hachés
  1 petit poivron vert haché
  1 petit oignon haché
  3 oeufs durs hachés
 80 mL de cajous grossièrement hachés
310 mL de mayonnaise
  ½ cuillerée à thé de sel
  ¼ cuillerée à thé de poivre
  ¼ cuillerée à thé de sel de céleri
     cari (selon le goût)
  4 cuillerées à soupe de jus de citron
250 mL de cheddar râpé
375 mL de croustilles émiettées

Mélanger tous les ingrédients dans un plat mesurant 20 cm par 30 cm, à l'exception du cheddar et des miettes de croustilles. Hausser la plaque d'un cran et faire chauffer à température élevée pendant 3 minutes. Remuer et faire chauffer pendant 2 autres minutes. Répandre le cheddar râpé et faire chauffer pendant 1 minute. Répandre les miettes de croustilles et faire dorer pendant 4 ou 5 minutes. Donne 4 portions.

POULET MARENGO

```
1,25 kg de morceaux de poulet
  60 mL de farine
  60 mL d'huile à salade
   1 sachet de sauce à spaghetti déshydratée (45 g)
 125 mL de vin blanc sec
   3 tomates coupées en quartiers
 125 g de champignons frais, coupés en 2
```

Rincer le poulet et l'éponger à l'aide d'un essuie-tout. Enfariner les morceaux et les passer dans l'huile. Mettre les morceaux dans un plat mesurant 20 cm par 30 cm, la peau sur le dessus, en disposant les morceaux les plus gros le long des parois. Couvrir d'une feuille de papier ciré et faire chauffer à température élevée pendant 8 minutes. Mélanger la sauce à spaghetti déshydratée, le vin et les quartiers de tomates. Verser la sauce sur les morceaux de poulet, couvrir et faire chauffer à température élevée pendant 8 autres minutes. Ajouter les champignons, couvrir et faire chauffer à température élevée pendant 1 minute. Donne 4 ou 5 portions.

POULET ET RIZ

```
   3 cuillerées à soupe de beurre ou de margarine
   1 kg ou 1,25 kg de morceaux de poulet
 250 g de morceaux de saucisses
   1 boîte de tomates cuites (500 g)
 250 mL de bouillon de poulet
  ½ cuillerée à thé de sel
 250 mL de riz cru
```

Mettre le beurre (ou la margarine) dans une casserole contenant 4 L et faire chauffer à température élevée pendant 35 secondes. Enduire les morceaux de poulet de beurre fondu, couvrir et faire chauffer à température élevée pendant 8 minutes. Mélanger les autres ingrédients et verser sur les morceaux de poulet. Couvrir et faire chauffer à température élevée pendant 15 minutes ou jusqu'à ce que le riz soit cuit. Laisser reposer sans découvrir pendant 10 minutes avant de servir. Donne 4 ou 5 portions.

POULET EN SAC

1 poulet à frire, coupé en morceaux (1,25 kg à 1,5 kg)
1 sac pour la cuisson au micro-ondes
    contenant de la panure pour le poulet
1 boîte de champignons (125 g)
    eau
2 oignons coupés en quartiers
125 mL de ketchup

Rincer le poulet et l'éponger à l'aide d'un essuie-tout. Mettre les morceaux de poulet dans le sac, la peau sur le dessus. Égoutter les champignons, conserver leur jus et y ajouter suffisamment d'eau pour obtenir 125 mL de liquide. Disposer les quartiers d'oignons autour des morceaux de poulet. Délayer la chapelure avec le jus des champignons et le ketchup. Verser la sauce sur les morceaux de poulet, fermer le sac à l'aide d'une ficelle ou d'une bande élastique. Poser le sac dans un plat mesurant 20 cm par 30 cm. Pratiquer 4 incisions sur le dessus du sac. Faire cuire à température élevée pendant 10 minutes; faire pivoter la plaque tournante. Faire cuire 10 minutes de plus, ajouter les champignons et laisser reposer pendant 10 minutes. Donne 4 ou 5 portions.

POULET AU SHERRY

2 poitrines de poulet, sans la peau, désossées,
    coupées en 2 sur le sens de la longueur (750 g)
250 mL de sherry
1 petite boîte de chapelure assaisonnée pour le poulet

 1 cuillerée à thé de thym
 ½ cuillerée à thé de paprika
60 mL de beurre ou de margarine

Mettre les blancs de poulet à mariner dans le sherry pendant 3 minutes. Mettre la chapelure assaisonnée, le thym et le paprika dans un sac, bien remuer et enduire les blancs de poulet. Mettre le beurre (ou la margarine) dans un plat mesurant 20 cm par 30 cm et faire chauffer à température élevée pendant 40 secondes. Ajouter les morceaux de poulet afin de les enduire de beurre fondu. Disposer les morceaux les plus épais le long des parois du plat et couvrir d'une pellicule de cellophane. Faire chauffer à température élevée pendant 7 minutes, tourner les morceaux de poulet, couvrir de nouveau et faire chauffer pendant 7 minutes à température moyenne. Faire dorer pendant 6 à 8 minutes. Donne 4 portions.

POULET À LA DIJONNAISE

  3 cuillerées à soupe de beurre ou de margarine
  4 poitrines de poulet, sans la peau, désossées,
       coupées en 2 sur le sens de la longueur (1 kg)
  2 cuillerées à soupe de farine tout usage
250 mL de bouillon de poulet
125 mL de crème allégée
  2 cuillerées à soupe de moutarde de Dijon

Mettre le beurre (ou la margarine) dans un plat mesurant 20 cm par 30 cm et faire chauffer à température élevée pendant 35 secondes. Ajouter les morceaux de poulet afin de les enduire de beurre fondu (ou de margarine). Faire chauffer à température élevée pendant 6 minutes. Faire pivoter la plaque tournante et continuer la cuisson pendant 6 autres minutes. Disposer les blancs de poulet sur un plat de service chaud et mettre de côté. Incorporer la farine au jus de cuisson, ajouter le bouillon et la crème sure. Faire chauffer à température élevée et remuer souvent, jusqu'à épaississement de la sauce. Ajouter la moutarde et napper les blancs de poulet. Faire chauffer à température élevée pendant 1 minute et demie. Donne 4 portions.

POULET CORDON-BLEU

3 poitrines de poulet, sans la peau, désossées, coupées
    en 2 sur le sens de la longueur (1,5 kg)
6 fines tranches de prosciutto ou de jambon
6 tranches de fromage suisse ou américain
    poivre
2 cuillerées à soupe de beurre ou de margarine
1 boîte de crème de champignons concentrée (350 g)
2 cuillerées à soupe de vin blanc sec
1 boîte de champignons tranchés, égouttés (90 g),
    (facultatif)

Assener quelques coups de maillet de boucher aux blancs
de poulet, de sorte qu'ils fassent 0,5 cm d'épaisseur. Poser
sur chaque blanc 1 tranche de prosciutto (ou de jambon)
et 1 tranche de fromage; enrouler les blancs sur eux-
mêmes et assujettir les rouleaux à l'aide de cure-dents (ou
les ficeler). Poivrer. Mettre le beurre (ou la margarine)
dans un plat mesurant 20 cm par 30 cm et faire chauffer à
température élevée pendant 30 secondes. Ajouter les
morceaux de poulet afin de les enduire de beurre fondu
(ou de margarine). Faire chauffer à température élevée
pendant 10 minutes. Mélanger le concentré de soupe aux
champignons et le vin, et ajouter des champignons
tranchés, au goût. Verser la sauce sur les blancs de poulet
et couvrir d'une feuille de papier ciré. Faire cuire à température élevée pendant 10 ou 11 minutes et faire pivoter
la plaque tournante à une reprise pendant le temps de
cuisson. Laisser reposer pendant 8 ou 10 minutes avant de
servir. Donne 6 portions.

POULET FRIT À LA MODE HAWAÏENNE

 60 mL de sauce soya
 60 mL de vin blanc
    le jus d'un citron vert
  1 gousse d'ail émincée

¼ cuillerée à thé de gingembre moulu
¼ cuillerée à thé d'origan
¼ cuillerée à thé de thym
3 blancs de poulet, coupés en 2 (environ 1,5 kg)
60 mL de farine
125 mL de beurre ou de margarine

Mélanger la sauce soya, le vin, le jus de citron vert, l'ail, le gingembre, l'origan et le thym. Verser sur le poulet et laisser mariner pendant plusieurs heures, en veillant à retourner les morceaux à quelques reprises. Égoutter, éponger les morceaux de poulet à l'aide d'un essuie-tout et les enfariner. Faire fondre le beurre (ou la margarine) dans un plat mesurant 20 cm par 30 cm à température élevée pendant 1 minute. Ajouter les morceaux de poulet, la peau en dessous, et hausser d'un cran la plaque. Faire cuire à température élevée pendant 9 ou 10 minutes. Tourner les morceaux de poulet et les badigeonner de beurre fondu. Faire cuire à température élevée pendant 9 ou 10 minutes. Faire dorer pendant 6 à 8 minutes. Donne 6 portions.

POULET À LA MODE CAMPAGNARDE

1 poulet à frire, coupé en morceaux (1,5 kg)
   farine assaisonnée
60 mL de beurre ou de margarine

Enfariner les morceaux de poulet. Faire fondre le beurre (ou la margarine) dans un plat mesurant 20 cm par 30 cm à température élevée pendant 40 secondes. Enduire les morceaux de poulet de beurre fondu, les mettre la peau en dessous dans un plat allant au four et couvrir d'une feuille de papier ciré. Hausser d'un cran la plaque. Faire cuire à température moyenne pendant 15 minutes. Tourner les morceaux de poulet et poursuivre la cuisson pendant 15 autres minutes. Enlever la feuille de papier ciré, faire dorer pendant 8 minutes et laisser reposer pendant 5 minutes. Donne 4 ou 5 portions.

COQUELETS DE CORNOUAILLES GLACÉS AUX ABRICOTS À LA CHINOISE

2 coquelets de Cornouailles pesant de 450 g à
     1,1 kg chacun
  riz à la chinoise (cf. recette suivante)
  glace aux abricots à la chinoise (cf. recette suivante)
60 mL de beurre fondu

Faire décongeler les coquelets. Enlever les abats, les rincer et les éponger à l'aide d'un essuie-tout. Farcir chacun des coquelets avec la moitié de la préparation du riz à la chinoise, fermer les orifices et assujettir à l'aide de cure-dents. Ficeler les pattes et couvrir les cuisses d'un morceau de papier alu. Mettre les coquelets ficelés, poitrines dessous, sur une clayette métallique posée dans un plat mesurant 20 cm par 30 cm. Badigeonner de beurre. Faire chauffer à température moyenne pendant 15 minutes. Tourner les coquelets sur le dos. Badigeonner de beurre et faire chauffer à température moyenne pendant 5 minutes. Badigeonner généreusement les coquelets de glace aux abricots et poursuivre la cuisson à température moyenne pendant 12 à 15 minutes, en les badigeonnant de glace à 2 reprises. Laisser reposer pendant 10 minutes avant de servir. Donne de 2 à 4 portions.

RIZ À LA CHINOISE

 60 mL de beurre
  2 cuillerées à soupe d'oignon haché
  4 champignons de grosseur moyenne, hachés
 60 mL d'abricots séchés
  1 cuillerée à soupe de flocons de persil séché
 ⅛ cuillerée à thé de gingembre
1½ cuillerée à thé de sauce soya
375 mL de riz blanc ou sauvage, cuit

Mélanger le beurre, l'oignon et les champignons dans une casserole contenant 1 L. Couvrir et faire chauffer à température élevée pendant 2 ou 3 minutes, jusqu'à ce que les légumes amollissent. Ajouter en remuant les autres ingrédients. Farcir de ce mélange 2 coquelets ou 1 poulet. Donne environ 430 mL de farce.

GLACE AUX ABRICOTS À LA CHINOISE

125 mL d'abricots séchés
180 mL d'eau
 1½ cuillerée à thé de zeste d'orange
 60 mL de jus d'orange
  3 cuillerées à soupe de sirop de maïs foncé
  1 cuillerée à soupe de vinaigre de cidre
  1 cuillerée à soupe de sauce soya
  ½ cuillerée à thé de gingembre moulu

Mélanger les abricots et l'eau dans un bocal gradué contenant 500 mL. Faire chauffer à température élevée pendant 3 ou 4 minutes, jusqu'à ébullition. Poursuivre la cuisson à faible température pendant 3 à 5 minutes ou jusqu'à ce que les abricots aient amolli. Laisser reposer pendant quelques minutes et égoutter. Mettre les abricots et les autres ingrédients dans le récipient d'un mélangeur et actionner la lame à basse vitesse jusqu'à obtention d'un mélange homogène. Enduire les coquelets de cette glace, qui accompagne aussi le poulet. Donne environ 310 mL.

DINDE RÔTIE EN SAUCE FERMIÈRE

  1 dinde (5 kg)
     sel
  2 branches de céleri hachées
  1 petit oignon haché
 60 mL de beurre ou de margarine
  1 sachet d'assaisonnement pour la volaille (210 g)
180 mL d'eau
125 mL d'huile
  ½ cuillerée à thé de sauce brune

Sauce fermière
250 mL de jus de cuisson
125 mL de farine
500 mL d'eau chaude, de consommé ou de
        bouillon de boeuf
        sel et poivre

Rincer la dinde, l'éponger à l'aide d'un essuie-tout et en saler l'intérieur. Mélanger le céleri, l'oignon et le beurre (ou la margarine) dans un bocal gradué contenant 1 L. Faire chauffer à température élevée pendant 5 minutes. Verser le contenu du sachet d'assaisonnement dans l'eau chaude et y ajouter les légumes. Farcir la dinde de cette préparation avant de la trousser. Fermer l'orifice du cou et assujettir la peau à l'aide d'une brochette en bois. Nouer la ficelle au centre de la dinde, de manière à assujettir les ailes. Mélanger l'huile et la sauce brune et badigeonner la dinde de cette préparation. Mettre la dinde, poitrine sur le dessous, sur une clayette posée dans un plat mesurant 20 cm par 30 cm. Couvrir d'une feuille de papier ciré. Il faut compter de 9 minutes et demie à 10 minutes et demie par 500 g à température moyenne. Faire chauffer pendant le ¼ de la durée de cuisson totale, faire pivoter la plaque tournante et badigeonner de nouveau la dinde. Faire chauffer pendant le ¼ du temps de cuisson, tourner la dinde de sorte que la poitrine soit sur le dessus et la badigeonner de nouveau. Remettre à cuire pendant un autre ¼ du temps de cuisson, faire pivoter la plaque tournante et badigeonner à nouveau. Faire cuire pendant le dernier ¼ du temps de cuisson. Sortir du four, couvrir d'une feuille de papier alu et laisser reposer pendant 20 minutes. Servir avec la sauce fermière. Donne 8 portions.

Sauce fermière: Réserver 250 mL du jus de cuisson, y incorporer la farine pour en faire une pâte homogène. Faire chauffer à température élevée pendant 8 minutes et remuer à 2 reprises. Verser le liquide chaud et faire cuire à température élevée pendant 5 autres minutes. Saler et poivrer au goût. Donne 750 mL.

POULET ET NOUILLES À LA CASSEROLE

125 g de nouilles cuites, égouttées
  1 boîte de crème de champignons concentrée (330 g)
180 mL de lait
125 g de cheddar râpé (250 mL)
  80 mL de poivron vert haché
   2 cuillerées à soupe de piment rouge haché
  ½ cuillerée à thé de sel
  ¼ cuillerée à thé de poivre
500 mL de dés de poulet cuits
180 mL de croustilles émiettées

Faire bouillir les nouilles selon les directives paraissant sur l'emballage, puis égoutter. Mélanger les nouilles aux autres ingrédients, à l'exception des croustilles émiettées, dans une casserole contenant 2,5 L. Bien remuer et couvrir. Faire chauffer à température élevée pendant 10 minutes et remuer au bout de la première demi-heure de cuisson. Remuer. Répandre les miettes de croustilles. Faire dorer pendant 5 ou 6 minutes. Donne 6 portions.

DINDE RÔTIE ET GLACÉE AUX CANNEBERGES

1 rôti de dinde surgelée, désossée et roulée (1,5 kg)
1 boîte de sauce aux canneberges (240 g)
2 cuillerées à soupe de marmelade à l'orange
2 cuillerées à soupe de vin rouge
¼ cuillerée à thé de cannelle
  beurre fondu (ou margarine)

Faire décongeler le rôti à faible température, à raison de 5 minutes par 500 g. Laisser reposer pendant 10 minutes au mitan de la décongélation, puis tourner le rôti. Mettre dans un bocal gradué contenant 1 L la sauce aux canneberges, la marmelade, le vin et la cannelle et faire chauffer à température élevée pendant 2 minutes; mettre de côté. Sortir la dinde de son emballage en plastique, sans toutefois enlever le filet qui la maintient. Mettre la dinde sur une clayette de métal posée dans un plat mesurant 20 cm par 30 cm. Couvrir d'une feuille de papier ciré. Faire cuire à température moyenne pendant 11 minutes. Tourner le rôti et le badigeonner de sauce aux canneberges. Faire cuire pendant 11 autres minutes. Faire pivoter la plaque tournante et badigeonner de nouveau. Faire cuire à température moyenne pendant 11 autres minutes. Enlever la feuille de papier ciré et faire dorer pendant 6 minutes. Sortir le rôti du four, le couvrir d'une feuille de papier alu et le laisser reposer pendant 5 minutes. Servir avec la sauce qui reste. Donne 6 portions.

POULET CORDON-BLEU

4 poitrines de poulet, désossées, avec la peau (2 kg)
4 tranches de prosciutto ou de jambon de Westphalie
4 tranches de munster ou de Monterey Jack
2 cuillerées à soupe de beurre ou de margarine

Sauce aux champignons et au fromage
   2 cuillerées à soupe de farine
      jus de cuisson
250 mL de cheddar ou de Monterey Jack râpé
 60 mL de lait
 60 mL de vin blanc
125 mL de champignons tranchés
 60 mL d'oignon vert haché

Assener quelques coups d'attendrisseur sur les poitrines, de sorte qu'elles fassent 0,5 cm d'épaisseur. Poser la moitié d'une tranche de prosciutto et de fromage sur chacune des moitiés de poitrines. Veiller à ce que les tranches de fromage n'excèdent pas les morceaux de poitrines. Replier la peau sous les côtés et assujettir à l'aide de cure-dents. Faire fondre 2 cuillerées à soupe de beurre (ou de margarine) dans un plat de 20 cm par 30 cm à température élevée pendant 30 secondes. Enduire les morceaux de poulet de beurre fondu et les disposer dans le plat en alignant leur partie la plus épaisse le long des parois. Couvrir d'une feuille de papier ciré. Hausser la plaque d'un cran et faire cuire à feu moyen pendant 20 minutes. Tourner les morceaux de poulet et disposer leur partie la plus épaisse le long des parois. Couvrir et faire cuire pendant 20 autres minutes à température moyenne. Découvrir et faire dorer pendant 5 ou 6 minutes. Réserver le jus de cuisson. Servir avec la sauce aux champignons et au fromage. Donne 4 portions.

Sauce: Incorporer la farine au jus de cuisson jusqu'à obtention d'une pâte homogène. Ajouter le fromage et bien mélanger. Verser le lait, le vin et remuer. Faire chauffer à température élevée pendant 3 ou 4 minutes, jusqu'à ce que la sauce vienne au point d'ébullition. Ajouter les champignons et faire cuire à température élevée pendant 1 minute et demie ou 2 minutes. Napper de sauce le poulet cordon-bleu et garnir d'oignon vert haché.

POULET DIVAN

     2 boîtes de pointes de brocoli surgelées (300 g)
     2 poitrines de poulet entières, désossées, sans
            la peau, coupées en 2 (environ 1 kg)
     2 boîtes de crème de champignons concentrée (330 g)
   250 mL de mayonnaise
     1 cuillerée à thé de jus de citron
    ½ cuillerée à thé de cari (facultatif)
   125 mL de cheddar piquant râpé
   125 mL de chapelure fine
     2 cuillerées à soupe de beurre ou de margarine

Pratiquer quelques incisions dans les boîtes de pointes de brocoli et les faire décongeler partiellement à température élevée pendant 4 minutes et demie. Mettre les morceaux de poulet dans un plat de 20 cm par 30 cm. Couvrir d'une feuille de papier ciré. Faire chauffer à température élevée pendant 7 minutes. Enlever les morceaux de poulet et les découper en tranches. Disposer les pointes de brocoli dans le plat, poser les tranches de poulet sur le brocoli. Mélanger la crème de champignons, la mayonnaise, le jus de citron et le cari (au goût). Verser sur les tranches de poulet et couvrir d'une pellicule de cellophane. Hausser la plaque et faire cuire à température élevée pendant 5 minutes. Enlever la pellicule de cellophane et répandre le fromage râpé. Verser la chapelure dans un bocal gradué contenant 250 mL et y ajouter le beurre (ou la margarine). Faire chauffer à température élevée pendant 1 minute. Bien mélanger et verser sur le plat. Faire dorer pendant 4 minutes. Donne 4 portions.

LES POISSONS ET LES FRUITS DE MER

HOMARD THERMIDOR

- 80 mL de beurre
- 125 mL de farine tamisée
- 750 mL de crème allégée à température ambiante
-   2 cuillerées à soupe de vin blanc
- ¼ cuillerée à thé de moutarde en poudre
     soupçon de poivre de Cayenne
- 60 mL de beurre
- 250 g de champignons frais en tranches
- 750 mL de chair de homard cuite, coupées en
        bouchées de 2,5 cm
- 60 mL de parmesan râpé
- 1½ cuillerée à thé de sel
     parmesan

Faire fondre 80 mL de beurre dans une casserole contenant 4 L à température élevée pendant 40 secondes. Incorporer la farine jusqu'à obtention d'une pâte homogène. Ajouter graduellement la crème allégée et faire chauffer à température moyenne pendant 13 minutes; remuer de temps en temps. Ajouter le vin, la moutarde en poudre et le poivre de Cayenne; mettre de côté. Faire fondre 60 mL de beurre dans une casserole contenant 2 L à température élevée pendant 4 minutes. Verser les champignons et faire sauter à température élevée pendant 4 minutes. Ajouter à la sauce la préparation à base de champignons, les bouchées de homard, le parmesan et le sel. Faire chauffer à température élevée pendant 5 minutes. Saupoudrer de parmesan râpé et faire dorer pendant 5 minutes. Servir sur un lit de riz. Donne 4 portions.

FRUITS DE MER À LA NEWBURG

  2 cuillerées à soupe de beurre ou de margarine
  2 cuillerées à soupe de farine
375 mL de crème allégée
  2 cuillerées à soupe de vin blanc sec
250 mL de champignons tranchés
  ½ cuillerée à thé de sel
  ⅛ cuillerée à thé de sel d'oignon
  ⅛ cuillerée à thé de poivre
    soupçon de muscade
  2 jaunes d'oeufs
250 mL de queues de homards, coupées en bouchées
250 mL de chair de crabe ou de crevettes
    ciboulette hachée

Faire fondre le beurre (ou la margarine) dans une casserole contenant 2 L à température élevée pendant 30 secondes. Incorporer la farine jusqu'à obtention d'une pâte homogène. Ajouter la crème, le vin, les champignons et l'assaisonnement. Faire chauffer à température élevée pendant 5 ou 6 minutes et remuer souvent. Fouetter les jaunes d'oeufs et y incorporer un peu de sauce. Mélanger la préparation à base de jaunes d'oeufs au contenu de la casserole. Faire chauffer à température moyenne pendant 2 minutes et remuer aux 15 secondes. Ajouter en tournant les fruits de mer et faire cuire à température élevée pendant 1 minute pour que tout soit chaud. Garnir de ciboulette hachée et servir sur une timbale ou sur une tranche de pain grillé. Donne 4 ou 5 portions.

SAUMON À LA NEWBURG

125 mL de préparation à sauce crémeuse (cf. p. 212)
250 mL de crème allégée
125 mL d'eau
  3 jaunes d'oeufs légèrement fouettés
  3 cuillerées à soupe de vin blanc sec
  2 cuillerées à soupe de jus de citron
  ¼ cuillerée à thé de sel
  ¼ cuillerée à thé d'estragon séché
  1 boîte de saumon en conserve, égoutté,
      sans arêtes, défait en morceaux (500 g)
  4 timbales

Dans une casserole contenant 2 L, mélanger la préparation
à sauce, la crème et l'eau. Faire chauffer à température
élevée pendant 2 minutes ou jusqu'à épaississement; remuer souvent. Verser en remuant une petite quantité de
sauce chaude sur les jaunes d'oeufs fouettés. Mettre ce
mélange dans la casserole et faire cuire à température
élevée pendant 1 minute, jusqu'à épaississement, en remuant souvent. Ajouter en tournant le vin, le jus de citron,
le sel et l'estragon. Ajouter les morceaux de saumon et faire
cuire à température élevée pendant 2 minutes. Napper les
timbales de sauce au saumon. Donne 4 portions.

HUÎTRES EN ESCALOPES

125 mL de beurre
500 mL de miettes de craquelins (environ 40)
  ½ cuillerée à thé de sel
  ⅛ cuillerée à thé de poivre
  ½ cuillerée à thé de sauce Worcestershire
  60 mL de céleri haché
500 mL d'huîtres égouttées, dont on conserve le jus
  60 mL de jus d'huîtres et suffisamment de lait
      pour obtenir 180 mL de liquide
    persil haché

Faire fondre le beurre à température élevée pendant 45 secondes. Y ajouter la chapelure de craquelins, le sel, le poivre, la sauce Worcestershire et le céleri haché. Étendre le tiers de ce mélange au fond d'une casserole graissée contenant 2 L. Poser la moitié des huîtres, puis une autre couche de chapelure et ainsi de suite, en prenant soin de terminer par une couche de chapelure. Verser le jus des huîtres allongé de lait dans la casserole. Faire cuire à température élevée pendant 15 minutes, en faisant pivoter la plaque tournante d'un quart de tour au mitan de la cuisson. Laisser reposer pendant 5 minutes et garnir de persil. Donne 6 portions.

DARNES DE SAUMON POCHÉES

375 mL d'eau chaude
 80 mL de vin blanc sec
  2 grains de poivre
  1 citron finement tranché
  1 feuille de laurier
  1 cuillerée à thé d'oignon haché, déshydraté
  1 cuillerée à thé de sel épicé
  4 ou 5 darnes de saumon

Sauce
 60 mL de crème sure
  1 cuillerée à soupe de persil haché
  1 cuillerée à thé de jus de citron
 ½ cuillerée à thé de graines d'aneth grillées

Mélanger tous les ingrédients, à l'exception des darnes de saumon, dans un plat mesurant 20 cm par 30 cm et faire chauffer à température élevée pendant 5 minutes ou jusqu'à ébullition. Déposer les darnes dans le liquide fumant et couvrir le plat d'une pellicule de cellophane. Faire cuire à température élevée pendant 2 minutes; laisser reposer pendant 5 minutes. Égoutter les darnes et les servir nappées de sauce. Donne 4 ou 5 portions.
Sauce: Lier tous les ingrédients et servir avec le saumon.

PÂTÉS AU THON

  2 oeufs légèrement fouettés
250 mL de chapelure fine
  1 cuillerée à soupe de relish aux cornichons
  2 cuillerées à thé d'oignon haché déshydraté
  2 cuillerées à thé de jus de citron
  ½ cuillerée à thé de sauce Worcestershire
  2 boîtes de thon égoutté, émietté (100 g)
  2 cuillerées à soupe de beurre ou de margarine
  1 sac de pois surgelés en sauce crémeuse (250 g)
     lait
     beurre
  2 oeufs cuits dur

Mélanger les oeufs et la chapelure dans un bol; ajouter la relish, l'oignon, le jus de citron et la sauce Worcestershire. Ajouter le thon et bien mélanger. Façonner 4 petits pâtés faisant 2,5 cm d'épaisseur. Hausser la plaque du four. Mettre le beurre à fondre dans un plat mesurant 20 cm par 30 cm à température élevée pendant 30 secondes. Disposer les petits pâtés dans le plat contenant le beurre fondu. Couvrir d'une feuille de papier ciré et faire cuire à température élevée pendant 3 minutes. Tourner les pâtés, couvrir le plat et faire cuire pendant 2 autres minutes à température élevée. Découvrir et faire dorer pendant 5 minutes. Verser les pois surgelés dans un bocal gradué contenant 1 L et y ajouter la quantité de lait et de beurre selon les directives paraissant sur l'emballage. Faire cuire à température élevée pendant 4 minutes; remuer à une reprise. Hacher les oeufs durs et les ajouter à la sauce. Napper les petits pâtés au thon de sauce aux oeufs et aux pois. Donne 4 portions.

SOLE VÉRONIQUE

500 g de filets de sole
250 mL de sauternes
 60 mL de beurre ou de margarine

  1 cuillerée à soupe de fécule de maïs
160 mL de crème allégée
  ½ cuillerée à thé de sel
250 mL de raisins épépinés

Découper les filets de sole en bouchées et les déposer dans un plat mesurant 20 cm par 30 cm. Verser 160 mL de sauternes sur les morceaux de sole et réserver le reste du vin. Couvrir le plat d'une pellicule en cellophane. Faire cuire à température élevée pendant 4 ou 5 minutes en faisant pivoter la plaque tournante à une reprise. Égoutter les morceaux de sole. Mettre le beurre (ou la margarine) à fondre dans un bocal gradué contenant 1 L à température élevée pendant 40 secondes. Délayer la fécule de maïs dans la crème, saler et incorporer au beurre fondu. Ajouter ce qui reste de sauternes au mélange à base de crème et faire chauffer à température moyenne pendant 2 minutes ou 2 minutes et demie, en prenant soin de remuer aux 30 secondes pour empêcher la crème de se cailler. Ajouter les raisins. Mettre les morceaux de sole dans un plat allant au micro-ondes et y verser la sauce aux raisins. Faire chauffer à température élevée pendant 30 secondes. Donne 3 ou 4 portions.

THON À LA TETRAZZINI

 60 mL de beurre ou de margarine
 60 mL de farine
250 mL de crème allégée
250 mL de bouillon de poulet
  2 cuillerées à soupe de vin blanc
  ½ cuillerée à thé de sel épicé
125 mL de cheddar râpé
 60 mL d'oignon vert tranché
  1 boîte de champignons tranchés, égouttés (60 g)
  2 boîtes de thon égoutté (200 g)
500 mL de spaghettinis cuits
 60 mL de persil frais, haché

Faire fondre le beurre (ou la margarine) dans un plat mesurant 20 cm par 30 cm à température élevée pendant 40 secondes. Ajouter en remuant la farine, puis la crème, le bouillon, le vin et le sel épicé. Faire chauffer à température élevée pendant 5 minutes en prenant soin de remuer à 2 reprises. Incorporer le cheddar râpé, l'oignon vert, les champignons, le thon et les spaghettinis égouttés. Couvrir d'une feuille de papier ciré. Faire cuire à température élevée pendant 3 ou 4 minutes. Garnir de persil haché. Donne 4 ou 5 portions.

CARI DE CREVETTES

250 mL de dés de céleri
125 mL d'oignon haché
 60 mL de beurre
  5 cuillerées à soupe de farine
  1 cuillerée à thé de sel
  1 cuillerée à thé de cari
  ½ cuillerée à thé de sucre
  ⅛ cuillerée à thé de gingembre moulu
  2 bouillon cubes au poulet
500 mL d'eau bouillante
500 g de crevettes cuites, égouttées
  ½ cuillerée à thé de jus de citron
  2 cuillerées à soupe de sherry

Dans une casserole contenant 1,5 L, mélanger le céleri, l'oignon et le beurre; couvrir et faire chauffer à température élevée pendant 6 ou 7 minutes, ou jusqu'à ce que les légumes aient amolli. Incorporer la farine, le sel, le cari, le sucre et le gingembre moulu. Couvrir et faire cuire à température élevée pendant 1 minute. Faire dissoudre le bouillon cube dans de l'eau bouillante et incorporer le bouillon au mélange à base de farine, en remuant de manière à obtenir une consistance homogène. Couvrir et faire cuire à température élevée pendant 5 à 7 minutes jusqu'à épaississement, en remuant de temps en temps. Ajouter les crevettes et le jus de citron; couvrir et faire cuire à température élevée pendant 2 ou 3 minutes pour que les crevettes soient chaudes. Incorporer le sherry et servir sur un lit de riz accompagné de condiments. Donne 4 à 6 portions.

Condiments suggérés: arachides concassées, noix de coco, oeufs durs hachés, miettes de bacon, chutney, raisins.

DARNES DE FLÉTAN GRILLÉES

4 darnes de flétan (environ 1 kg), d'une épaisseur de 2,5 cm
60 mL de ketchup
2 cuillerées à soupe d'huile à salade
2 cuillerées à soupe de jus de citron
1 cuillerée à thé de sauce Worcestershire
½ cuillerée à thé de moutarde préparée
¼ cuillerée à thé de sel d'ail
   quelques gouttes d'ersatz de fumée

Disposer les darnes dans un plat allant au four mesurant 20 cm par 30 cm ou sur un plateau de service. Mélanger les autres ingrédients. Badigeonner les darnes de sauce et couvrir le plat d'une feuille de papier ciré. Hausser la plaque et faire cuire à température élevée pendant 3 minutes. Badigeonner les darnes de sauce et faire cuire pendant 3 à 5 autres minutes. Faire dorer pendant 5 minutes. Donne 4 portions.

FILETS DE POISSON AMANDINE

60 mL d'amandes blanchies, en lamelles
2 cuillerées à soupe de beurre ou de
      margarine
3 cuillerées à soupe de beurre ou de
      margarine
2 cuillerées à soupe de jus de citron
750 g de filets de poisson, coupés en portions
      individuelles
½ cuillerée à thé de sel

Mélanger les amandes et 2 cuillerées à soupe de beurre (ou de margarine) dans un bocal gradué contenant 500 mL. Faire chauffer à température élevée pendant 2 ou 3 minutes, ou jusqu'à ce que les amandes soient dorées.

Faire fondre 3 cuillerées à soupe de beurre (ou de margarine) dans un plat mesurant 20 cm par 30 cm à température élevée pendant 35 secondes. Verser le jus de citron et y poser les morceaux de filet. Couvrir d'une feuille de papier ciré. Faire cuire à température élevée pendant 2 minutes, tourner les filets et poursuivre la cuisson pendant 3 minutes (selon l'épaisseur des filets). Saler et garnir d'amandes dorées. Donne 2 portions.

CREVETTES AU BEURRE CITRONNÉ

500 g de grosses crevettes, crues
 60 mL de beurre ou de margarine
  1 gousse d'ail émincée
  2 cuillerées à soupe de jus de citron
  1 cuillerée à soupe de persil haché
  ½ cuillerée à thé de sel
  ⅛ cuillerée à thé de poivre

Sortir les crevettes de leurs carapaces, les rincer et les éviscérer. Pratiquer une profonde incision le long de la partie recourbée, ouvrir et poser à plat, à la manière d'un papillon. Faire fondre le beurre (ou la margarine) dans un plat mesurant 20 cm par 30 cm à température élevée pendant 40 secondes. Ajouter les autres ingrédients et bien remuer afin d'enduire les crevettes de beurre. Faire chauffer à température élevée pendant 1 minute. Remuer et remettre à chauffer pendant 1 minute et demie ou 2 minutes. Servir immédiatement. Donne 2 portions.

OIGNONS FARCIS À L'ESPAGNOLE

     4 gros oignons pelés (environ 250 g)
    60 mL d'eau
   250 g de boeuf haché maigre
     1 boîte de sauce tomate (250 g)
   250 mL de riz cuit
     1 cuillerée à thé de piment rouge en poudre
    ½ cuillerée à thé de sel
        soupçon de poivre
   125 mL de cheddar râpé

Mettre les oignons et l'eau dans une casserole contenant 2
L, couvrir et faire cuire à température élevée pendant 8 ou
9 minutes, jusqu'à ce que les oignons aient amolli. Égoutter
et évider les oignons, de sorte qu'ils forment des coquilles
faisant 1 cm d'épaisseur. Hacher suffisamment de coeurs
d'oignons pour obtenir 125 mL; mélanger les oignons au
boeuf haché dans une casserole contenant 1 L. Faire cuire
en couvrant à température élevée pendant 3 ou 4 minutes.
Enlever l'excédent de gras. Ajouter en tournant la moitié de
la boîte de sauce tomate et tous les autres ingrédients, à l'exception du cheddar. Farcir généreusement les oignons de
préparation au boeuf et au riz et disposer le reste au fond du
plat, entre les oignons. Verser la sauce tomate qui reste dans
le plat. Faire cuire à température élevée pendant 6 minutes.
Garnir de cheddar râpé et poursuivre la cuisson à température élevée pendant 1 ou 2 minutes, ou jusqu'à ce que le fromage ait fondu. Donne 4 portions.

LASAGNE INTERNATIONALE

500 g de saucisson italien épluché
  1 boîte de tomates en morceaux (500 g)
  1 boîte de concentré de tomates (180 g)
  ¼ cuillerée à thé de basilic séché
  ⅛ cuillerée à thé de sel d'ail
500 g de ricotta ou de fromage cottage
 60 mL de parmesan râpé
  1 cuillerée à soupe de persil haché
  1 oeuf légèrement fouetté
  ½ cuillerée à thé de sel
  ⅛ cuillerée à thé de poivre
250 g de lasagnes cuites
250 g de mozzarella en tranches

Défaire la chair des saucissons et la mettre à cuire dans une casserole contenant 4 L à température élevée pendant 3 minutes; remuer à une reprise. Enlever l'excédent de gras, ajouter les morceaux de tomates, le concentré de tomates, le basilic et le sel d'ail. Faire cuire sans couvrir à température élevée pendant 10 minutes; remuer à 2 reprises. Mettre dans un bol la ricotta (ou le fromage cottage), le parmesan, le persil, l'oeuf, le sel et le poivre. Napper le fond d'un plat mesurant 20 cm par 30 cm d'un peu de sauce à la viande. Poser la moitié des lasagnes cuites sur la sauce, puis la moitié du mélange au fromage, puis la moitié des tranches de mozzarella, enfin la moitié de la sauce à la viande. Refaire de même. Couvrir d'une pellicule de cellophane et faire cuire à température élevée pendant 4 minutes. Faire pivoter la plaque tournante et poursuivre la cuisson pendant 4 autres minutes. Laisser reposer pendant 10 minutes avant de servir. Donne 6 ou 7 portions.

FAUSSE LASAGNE

    1 L de sauce à la viande classique (cf. p. 142)
    ½ cuillerée à thé d'origan séché
    ¼ cuillerée à thé de thym séché
  125 g de fromage Monterey Jack, finement tranché
  250 mL de fromage cottage
  180 g de nouilles cuites, égouttées
   60 mL de parmesan râpé

Ajouter l'origan et le thym séchés à la sauce à la viande.
Napper le fond d'un plat mesurant 20 cm par 30 cm du
tiers de la sauce à la viande. Poser la moitié des tranches
de Monterey Jack sur la sauce, puis la moitié du fromage
cottage, enfin la moitié des nouilles cuites. Refaire de
même en employant un autre tiers de la sauce, les tranches
de Monterey Jack, le fromage cottage et les nouilles qui
restent. Napper le dessus du plat avec la sauce qui reste.
Saupoudrer du parmesan râpé, couvrir d'une feuille de papier ciré et faire cuire à température élevée pendant 4
minutes. Faire pivoter la plaque tournante et poursuivre la
cuisson pendant 4 autres minutes. Laisser reposer pendant
plusieurs minutes avant de servir. Donne 6 portions.

SPAGHETTIS EN SAUCE À LA VIANDE

  500 g de boeuf haché maigre
    1 oignon de grosseur moyenne, haché
    1 gousse d'ail émincée
    1 boîte de tomates en morceaux (850 g)
  125 mL de céleri haché
  125 mL de bourgogne
    1 boîte de concentré de tomates (180 g)
    2 cuillerées à soupe de persil haché
    1 cuillerée à soupe de sucre brut
    1 cuillerée à thé d'origan séché
    1 cuillerée à thé de sel
    ¼ cuillerée à thé de thym séché

    1 feuille de laurier
  750 mL de spaghettis cuits
       parmesan

Défaire le boeuf dans une casserole contenant 4 L, y ajouter l'oignon et faire cuire à température élevée pendant 4 minutes, en prenant soin de remuer à 2 reprises. Ajouter les ingrédients qui restent, à l'exception des spaghettis et du fromage. Couvrir et continuer la cuisson à température élevée pendant 5 minutes. Remuer et remettre à cuire pendant 10 minutes, en prenant soin de remuer à une reprise. Servir la sauce sur les spaghettis, saupoudrer de parmesan râpé. Donne 4 ou 5 portions.

Variation: Mettre les ingrédients allant de l'ail au sucre brut dans le récipient d'un mélangeur et les réduire en purée. Verser la purée sur la préparation à la viande; ajouter l'assaisonnement. Poursuivre selon la recette paraissant ci-dessus.

BOEUF AU FROMAGE

  500 g de boeuf haché
    2 boîtes de sauce tomate (250 g)
       sel et poivre
   60 mL d'oignon vert haché
    2 cuillerées à soupe de poivron vert haché
  125 mL de crème sure
  125 mL de fromage cottage
   90 g de fromage en crème
    1 sachet de nouilles à la Romanov (155 g), préparées
       selon les directives paraissant sur l'emballage

Mettre le boeuf haché dans une casserole contenant 2 L et le faire cuire à température élevée pendant 4 minutes; remuer à une reprise afin de défaire la viande. Enlever l'excédent de gras; ajouter la sauce tomate, le sel et le poivre. Faire cuire à température élevée pendant 5 minutes. Mélanger l'oignon vert, le poivron, la crème sure et les fromages. Dans un plat mesurant 20 cm par 30 cm, étager la moitié des nouilles, la préparation aux fromages et l'autre moitié des nouilles. Couvrir de sauce à la viande, couvrir d'une feuille de papier ciré. Faire cuire à température élevée pendant 10 minutes. Donne 6 portions.

BOEUF ET NOUILLES À LA CASSEROLE

500	mL de nouilles vertes cuites
60	mL de beurre ou de margarine
60	mL de parmesan râpé
2	cuillerées à soupe d'huile à salade
180	mL d'oignon haché
2	gousses d'ail écrasées
750	g de boeuf haché maigre
125	mL d'eau
2	cuillerées à soupe de sherry
1	cuillerée à soupe de sauce Worcestershire
2	bouillon cubes au boeuf
1	cuillerée à thé de sel
¼	cuillerée à thé de poivre
500	mL de gouda ou de cheddar râpé
60	mL de parmesan râpé

Mettre les nouilles dans un plat mesurant 20 cm par 30 cm. Faire chauffer à température élevée pendant 1 minute et demie. Ajouter le beurre (ou la margarine) et le parmesan râpé. Bien remuer. Mélanger l'huile, l'oignon et l'ail écrasé dans une casserole contenant 4 L. Faire cuire à température élevée pendant 3 minutes. Ajouter le boeuf et faire cuire à température élevée pendant 4 minutes. Ajouter l'eau, le sherry, la sauce Worcestershire, les bouillon cubes, le sel et le poivre. Faire cuire à température élevée pendant 3 minutes. Ajouter 375 mL de gouda ou de cheddar râpé à la préparation à la viande. Verser les nouilles au fond de la casserole, puis la préparation à la viande et aux fromages. Couvrir d'une feuille de papier ciré et faire cuire à température élevée pendant 8 minutes. Saupoudrer de gouda ou de cheddar râpé qui reste et 60 mL de parmesan râpé. Faire cuire jusqu'à ce que la sauce dégage des bulles. Donne 6 portions.

MACARONIS AU FROMAGE

500 mL de mostaciolis cuits, égouttés
  3 cuillerées à soupe de beurre
180 mL d'oignon haché
 80 mL de céleri haché
  1 ou 2 gousses d'ail émincées
  2 boîtes de concentré de tomates (180 g chacune)
500 mL d'eau
  1 cuillerée à thé de basilic
  1 cuillerée à thé d'origan
  2 cuillerées à thé de sel
 ½ cuillerée à thé de sucre
 ½ cuillerée à thé de poivre
160 mL de parmesan râpé
500 mL de ricotta (500 g)

Faire bouillir les pâtes selon les directives paraissant sur la boîte. Mélanger le beurre, l'oignon, le céleri et l'ail dans une casserole contenant 1,5 L. Faire cuire à température élevée pendant 3 ou 4 minutes, en remuant de temps en temps. Ajouter le concentré de tomates, l'eau et l'assaisonnement. Couvrir et amener au point d'ébullition à température élevée pendant 10 minutes environ. Découvrir et poursuivre la cuisson à température élevée pendant 5 autres minutes. Napper de sauce le fond d'un plat rectangulaire contenant 2 L; y répandre le tiers du parmesan râpé. Faire amollir la ricotta à faible température pendant 1 ou 2 minutes. Étager successivement avec la moitié des pâtes, de la ricotta, de la sauce et du parmesan qui reste. Refaire de même et faire cuire à température moyenne pendant 20 ou 25 minutes, jusqu'à ce que la sauce dégage des bulles, en faisant pivoter la plaque tournante d'un demi tour après les 10 premières minutes de cuisson. Hausser la plaque et faire dorer pendant 3 à 5 minutes. Donne 6 portions.

BOULETTES DE VIANDE FAÇON CONFETTI

  1 sac de macédoine surgelée (300 g)
750 mL de riz cuit
  2 cuillerées à soupe de beurre fondu ou de margarine
24 boulettes de viande (cf. p. 139)
125 mL d'oignon haché fin
  1 boîte de crème de champignons concentrée (330 g)
  1 boîte de potage au cheddar concentré (330 g)
125 mL de ketchup
  2 cuillerées à soupe de sauce Worcestershire

Pratiquer quelques incisions sur le sac de macédoine et faire cuire à température élevée pendant 4 minutes. Égoutter. Mélanger le riz cuit et le beurre (ou la margarine), et emplir un moule en céramique en forme d'anneau mesurant 14 cm. Faire cuire les boulettes de viande et l'oignon haché dans un plat mesurant 20 cm par 30 cm à température élevée pendant 5 minutes. Enlever l'excédent de gras. Mélanger les concentrés de potage, le ketchup et la sauce Worcestershire. Verser sur les boulettes de viande, couvrir d'une feuille de papier ciré et faire cuire à température élevée pendant 10 minutes. Démouler l'anneau de riz sur un plat de service. Couvrir d'une feuille de papier ciré et faire chauffer à température élevée pendant 4 minutes. Disposer les boulettes de viande autour de l'anneau et napper le tout de sauce. Servir la sauce qui reste à table. Donne 6 portions.

PÂTÉ À LA VIANDE

500 g de boeuf haché maigre
  1 oeuf légèrement fouetté
60 mL de chapelure fine
  2 cuillerées à soupe de lait
  1 cuillerée à thé de sel
  1 sac de macédoine surgelée (300 g)
¼ cuillerée à thé de thym

¼ cuillerée à thé de poivre
1 boîte de sauce tomate (250 g)
1 sac de pommes de terre sautées, surgelées, décongelées (360 g)
2 cuillerées à soupe d'huile à salade
60 mL de fromage râpé

Mélanger le boeuf, l'oeuf, la chapelure, le lait et le sel. Façonner en boulettes de 2,5 cm. Mettre les boulettes sur une clayette métallique posée dans un plat mesurant 20 cm par 30 cm. Couvrir et faire cuire à température élevée pendant 5 minutes. Enlever l'excédent de gras. Mélanger aux légumes, au thym, au poivre et à la sauce tomate. Tapisser de pommes de terre sautées le fond et les parois d'une assiette à tarte ordinaire mesurant 25 cm ou d'une assiette à tarte plus profonde mesurant 23 cm. Napper d'huile et faire chauffer à température élevée pendant 3 minutes; puis faire dorer pendant 5 minutes. Déposer la préparation de boulettes et de macédoine sur le fond de tarte. Faire cuire à température élevée pendant 5 minutes. Garnir de fromage râpé et faire chauffer pendant 30 secondes. Donne 5 portions.

CORNED-BEEF AU CHOU

1,5 kg de corned-beef avec son assaisonnement
3 pommes de terre de grosseur moyenne, pelées et coupées en quartiers
3 carottes coupées en quartiers
1 petit chou, coupé en quartiers

Mettre le corned-beef et son assaisonnement dans un grand sac à rôtissage fermé par une ficelle ou une bande élastique. Poser le sac dans une casserole contenant 4 L. Faire cuire à faible température pendant 20 minutes. Faire pivoter la plaque tournante et laisser cuire pendant 20 autres minutes. Ouvrir le sac, ajouter les pommes de terre et les carottes, puis refermer. Faire cuire de nouveau à faible température pendant 20 minutes; ajouter les morceaux de chou et poursuivre la cuisson pendant 15 minutes, jusqu'à ce que les légumes aient amolli. Laisser reposer en couvrant pendant 10 minutes. Donne 6 portions.

COQUILLETTES À LA CASSEROLE

500	g de boeuf haché maigre
1	petit oignon haché
60	mL de farine
1	cuillerée à thé de sel
1	cuillerée à thé de sauce Worcestershire
¼	cuillerée à thé de poudre d'ail
1	boîte de bouillon de boeuf (350 mL)
1	boîte de champignons tranchés, égouttés (60 g)
500	mL de coquillettes cuites
250	mL de crème sure
2	cuillerées à soupe de vin rouge
	persil haché fin

Mettre le boeuf haché dans une casserole contenant 4 L et le défaire à l'aide d'une fourchette. Ajouter l'oignon haché et faire cuire à température élevée pendant 4 minutes. Ajouter en remuant la farine, le sel, la sauce Worcestershire et la poudre d'ail. Bien remuer. Ajouter le bouillon, les champignons et les coquillettes cuites. Couvrir et faire cuire à température élevée pendant 5 minutes, en prenant soin de remuer à une reprise. Ajouter la crème sure et le vin. Faire chauffer à température élevée pendant 1 minute ou 1 minute et demie. Garnir de persil haché. Donne 4 ou 5 portions.

CHOUX FARCIS À LA SUÉDOISE

12	grandes feuilles de chou
2	cuillerées à soupe d'eau
1	oeuf
160	mL de lait
60	mL d'oignon haché fin
1	cuillerée à thé de sauce Worcestershire
500	g de boeuf haché maigre
180	mL de riz cuit
1	boîte de soupe aux tomates concentrée (330 g)

60 mL de ketchup
1 cuillerée à soupe de sucre brut
1 cuillerée à soupe de jus de citron

Mettre les feuilles de chou et 2 cuillerées à soupe d'eau dans une casserole contenant 4 L. Couvrir et faire chauffer à température élevée pendant 6 minutes. Mettre de côté. Mélanger dans un bol l'oeuf, le lait, l'oignon et la sauce Worcestershire. Bien remuer. Ajouter le boeuf haché et le riz à la préparation à base d'oeuf, et lier à l'aide d'une fourchette. Découper les parties dures des feuilles de chou, de sorte qu'elles soient malléables. Poser 60 mL de farce sur chacune des feuilles de chou; rouler les feuilles sur elles-mêmes en repliant les côtés, de manière à former des rouleaux. Assujettir à l'aide de cure-dents. Disposer les rouleaux dans un plat mesurant 20 cm par 30 cm. Mélanger la soupe aux tomates, le ketchup, le sucre brut et le jus de citron. Verser sur les rouleaux au chou. Couvrir d'une pellicule en cellophane et faire cuire à température élevée pendant 12 minutes. Laisser reposer pendant 5 minutes avant de servir. Donne 4 portions.

KNACKWURST ET SALADE DE POMMES DE TERRE ALLEMANDE

3 pommes de terre de grosseur moyenne
4 tranches de bacon coupées en dés
1 petit oignon coupé en dés
1 cuillerée à soupe de farine
1 cuillerée à soupe de sucre
1 cuillerée à soupe de moutarde en poudre
1 cuillerée à thé de sel
¼ cuillerée à thé de poivre
125 mL d'eau
60 mL de vinaigre
½ cuillerée à thé de graines de céleri
4 saucisses knackwurst
1 cuillerée à soupe de persil haché fin

Rincer les pommes de terre, les assécher et les découper en 2. Mettre les moitiés de pommes de terre dans un sac en plastique, en les posant à plat. Ne pas fermer le sac. Faire cuire à température élevée pendant 10 minutes, jusqu'à ce qu'elles aient amolli. Les éplucher et les couper en tranches. Faire cuire le bacon et l'oignon dans un bocal gradué contenant 1 L à température élevée pendant 4 ou 5 minutes. Ajouter en tournant la farine, le sucre, la moutarde, le sel et le poivre. Bien remuer. Ajouter l'eau, le vinaigre et les graines de céleri. Faire cuire à température élevée pendant 4 autres minutes, en prenant soin de remuer à une reprise. Mettre de côté. Pratiquer plusieurs incisions dans le sac en plastique qui contient les saucisses et poser le sac sur une assiette en papier. Faire cuire à température élevée pendant 1 minute et demie. Couper chaque saucisse en 6 morceaux. Mettre les morceaux de saucisses et les pommes de terre dans un bol peu profond, verser la sauce chaude et remuer. Saupoudrer de persil haché et servir aussitôt. Donne 4 portions.

BOEUF STROGANOV

60	mL de beurre ou de margarine
750	g de surlonge de boeuf, tranchée en bouchées de 1 cm par 5 cm
60	mL de farine
1	bouillon cube au boeuf
180	mL d'eau bouillante
1	petit oignon haché
125	mL de champignons frais, en tranches
2	cuillerées à soupe de concentré de tomates
1	cuillerée à thé de sauce Worcestershire
¾	cuillerée à thé de sel
250	mL de crème sure à température ambiante

Faire fondre le beurre (ou la margarine) dans une casserole contenant 4 L à température élevée pendant 40 secondes. Enfariner les bouchées de boeuf, puis les enduire de beurre fondu. Faire cuire sans couvrir à température élevée pendant 3 minutes. Remuer et remettre à cuire pendant 2 minutes. Délayer le bouillon cube dans de l'eau chaude. Ajouter à la viande le bouillon, l'oignon, les champignons, le concentré de tomates, la sauce Worcestershire et le sel. Remuer, couvrir et faire cuire à température élevée pendant 5 minutes. Laisser reposer pendant 4 minutes. Découvrir, verser la crème sure en remuant et faire chauffer à température élevée pendant 1 minute ou 1 minute et demie. Donne 4 portions.

HARICOTS AU CHILI

500 g de boeuf haché
125 mL de poivron vert haché
  1 cuillerée à soupe d'oignon déshydraté
  2 boîtes de haricots rouges en conserve,
       égouttés (500 g chacune)
  1 boîte de tomates en morceaux (500 g)
  1 boîte de sauce tomate (250 g)
  1 cuillerée à thé de sel épicé
  1 sachet de piment rouge en poudre

Mettre le boeuf haché, le poivron et l'oignon dans une casserole contenant 4 L et faire cuire à température élevée pendant 5 minutes ou jusqu'à ce que les légumes aient amolli. Remuer à une reprise. Ajouter en remuant le reste des ingrédients, couvrir et faire cuire à température élevée pendant 15 minutes, en remuant à une reprise. Donne 6 portions.

Variation: Pour que le chili soit plus épicé, il suffit de remplacer les haricots rouges par 2 boîtes de haricots au piment rouge (de type chili).

STEAK AU PIMENT ROUGE

  2 cuillerées à soupe de farine
  1 cuillerée à thé de piment rouge en poudre
750 g de steak dans la ronde, coupé en 4 ou 5 morceaux
  2 cuillerées à soupe d'huile à salade
  1 oignon tranché

  1 boîte de tomates (250 g)
  1 boîte de haricots au piment rouge (500 g)
  1 cuillerée à thé de sel
125 mL de cheddar râpé

Mélanger la farine et le piment rouge en poudre dans un sac en plastique ou en papier. Attendrir les morceaux de viande et les mettre dans le sac. Remuer le sac, de sorte que les morceaux soient bien enfarinés. Verser de l'huile dans un plat mesurant 20 cm par 30 cm. Faire chauffer à température élevée pendant 1 minute et demie. Ajouter les morceaux de viande; les tourner de sorte qu'ils soient enduits d'huile chaude des 2 côtés. Faire cuire à température élevée pendant 4 minutes. Remuer. Ajouter l'oignon, les tomates, les haricots au piment rouge et le sel. Couvrir d'une feuille de papier ciré. Faire cuire à faible température pendant 25 minutes, en prenant soin de remuer à une reprise. Découvrir la casserole et garnir de fromage râpé. Faire chauffer à température élevée pendant 30 secondes. Donne 4 portions.

HAMBURGERS EN SAUCE ÉPICÉE

750 g de boeuf haché maigre
  1 oignon de grosseur moyenne, haché
  1 boîte de soupe aux tomates concentrée (330 g)
  2 cuillerées à soupe d'eau
  1 cuillerée à soupe de vinaigre
  1 cuillerée à soupe de sucre brut
  1 cuillerée à thé de piment rouge en poudre
  1 cuillerée à thé de sauce Worcestershire
  ½ cuillerée à thé de sel
  ¼ cuillerée à thé de sel de céleri
  5 ou 6 pains à hamburger

Faire cuire le boeuf haché et l'oignon dans une casserole contenant 4 L à température élevée pendant 6 minutes, en prenant soin de remuer à 2 reprises. Mélanger les ingrédients qui restent, à l'exception des petits pains, et verser sur la viande. Couvrir et faire cuire à température élevée pendant 4 minutes. Faire chauffer les pains à hamburger à faible température pendant 1 minute et demie. Napper les pains de sauce à la viande et servir. Donne 4 ou 5 portions.

TACOS

500 g de boeuf haché maigre
  1 sachet de préparation à sauce pour tacos (35 g)
125 mL d'eau chaude
  6 ou 7 tacos
500 mL de laitue râpée
  2 tomates de grosseur moyenne, hachées
    fromage râpé

Mettre le boeuf dans une casserole contenant 2 L et le défaire en morceaux. Faire cuire à température élevée pendant 4 minutes; remuer à une reprise. Enlever l'excédent de gras, ajouter en remuant la préparation à sauce et l'eau chaude. Couvrir à l'aide d'un essuie-tout et faire cuire à température élevée pendant 5 minutes, en prenant soin de remuer à une reprise. Faire chauffer les tacos posés sur un essuie-tout ou dans une assiette en papier, à température élevée pendant 30 secondes. Farcir les tacos avec la préparation au boeuf, la laitue râpée, les tomates et le fromage. Donne 6 ou 7 tacos.

BOULETTES DE VIANDE À L'ORIENTALE

 24 boulettes de viande (cf. recette p. 139)
  1 boîte de bouillon de boeuf concentré (330 g)
400 mL d'eau chaude
  1 oignon de grosseur moyenne, coupé en tranches
375 mL de morceaux de céleri d'un cm de
      long, coupés de biais
  1 boîte de légumes pour le chop-suey, égouttés (500 g)
  1 boîte de champignons en conserve (500 g)
  3 cuillerées à soupe de fécule de maïs
125 mL d'eau froide
  3 cuillerées à soupe de sauce soya
  1 boîte de nouilles chow-mein (90 g)

Mettre les boulettes de viande dans un plat mesurant 20 cm par 30 cm et les faire cuire à température élevée pendant 5 minutes. Verser le bouillon de boeuf concentré et 1 boîte d'eau chaude. Ajouter en remuant l'oignon et le céleri. Couvrir d'une feuille de papier ciré et faire cuire à température élevée pendant 8 minutes. Ajouter les légumes pour le chop-suey et les champignons. Délayer la fécule de maïs dans 125 mL d'eau froide allongée de sauce soya. Verser dans la casserole en remuant. Couvrir et faire cuire à température élevée pendant 5 minutes, jusqu'à épaississement, en remuant à plusieurs reprises. Servir sur des nouilles chow-mein. Donne 4 ou 5 portions.

SAUCE À LA VIANDE FIESTA

 1 L de sauce à la viande classique (cf. p. 142)
 1 cuillerée à thé de piment rouge en poudre
 1 boîte de grains de maïs entiers dans leur jus (360 g)
 1 sachet de préparation à muffins à la farine
   de maïs (250 g)
 1 oeuf
80 mL de lait
 1 cuillerée à thé de sucre
   ciboulette hachée

Mélanger la sauce à la viande, les grains de maïs et le piment rouge en poudre. Verser dans un plat mesurant 20 cm par 30 cm. Couvrir d'une feuille de papier ciré. Faire cuire à température élevée pendant 3 minutes. Découvrir. Pendant ce temps, mélanger la préparation à muffins avec l'oeuf, le lait et le sucre. Déposer des cuillerées de préparation à muffins sur la sauce à la viande et au maïs. Garnir de ciboulette hachée. Hausser la plaque du four et faire cuire à température élevée pendant 5 minutes, en faisant pivoter la plaque à une reprise. Faire dorer pendant 3 à 5 minutes. Donne 6 portions.

TORTILLAS À LA HACIENDA

    1 L de sauce à la viande classique (cf. p. 142)
  250 mL de haricots frits
    2 cuillerées à soupe de piments verts hachés
    6 tortillas
    1 boîte d'olives noires, tranchées, égouttées (65 g)
  500 mL de cheddar râpé

Dans une casserole contenant 2 L, mélanger la sauce à la viande, les haricots frits et les piments hachés. Étager la sauce, les tortillas, les olives et le cheddar. Faire cuire à température élevée pendant 7 minutes en tournant la casserole à une reprise. Donne 4 portions.

STEAK MANDARIN

  750 g de steak dans la ronde, d'une épaisseur d'un cm
    2 cuillerées à soupe d'huile à salade
    1 sachet de soupe à l'oignon déshydratée (60 g)
    2 cuillerées à soupe de sauce soya
   ¼ cuillerée à thé de gingembre moulu
  250 mL d'eau
    1 boîte de châtaignes, égouttées, tranchées (65 g)
   ½ poivron vert coupé en lanières
    1 tomate coupée en quartiers
    2 cuillerées à soupe de graines de sésame grillées

Découper le steak en lanières de 0,5 cm de large. Mettre l'huile dans une casserole contenant 4 L et faire chauffer à température élevée pendant 1 minute et demie. Y mettre les lanières de steak. Faire cuire à température élevée pendant 3 minutes. Remuer et faire cuire pendant 1 minute et demie. Ajouter en remuant la soupe déshydratée, la sauce soya, le gingembre et l'eau. Couvrir et faire cuire à faible température pendant 25 minutes ou jusqu'à ce que le steak soit tendre. Ajouter en remuant les tranches de châtaignes, le demi poivron vert et les quartiers de tomate.

Faire cuire à température élevée pendant 1 minute; laisser reposer pendant 10 minutes avant de servir. Garnir de graines de sésame. Servir sur des nouilles frites à la chinoise. Donne 4 ou 5 portions.

BOEUF HACHÉ À LA MEXICAINE

     1 kg de boeuf haché maigre
     1 gousse d'ail écrasée
   250 mL d'oignon haché
       sel et poivre
     1 sac de maïs à la mexicaine en sauce au
          beurre, surgelé (300 g)
     1 sac de pois en sauce au beurre, surgelés (300 g)
     1 boîte de champignons tranchés, égouttés (90 g)
     2 cuillerées à soupe de beurre ou de margarine
       purée de pommes de terre instantanée
          pour 4 portions
     4 cuillerées à soupe de romano râpé
    60 mL de cheddar râpé

Mettre la viande dans une casserole contenant 2 L et la défaire à l'aide d'une fourchette. Ajouter l'ail, l'oignon et faire cuire à température élevée pendant 7 ou 8 minutes. Saler et poivrer. Pratiquer des incisions dans les sacs de légumes surgelés et les mettre à décongeler à température élevée pendant 4 à 7 minutes. Ajouter le maïs, les pois, les champignons et le beurre (ou la margarine) à la préparation à la viande. Remuer jusqu'à ce que le beurre ait fondu. Couvrir et faire cuire à température élevée pendant 6 minutes. Pendant que cuit la viande, préparer 4 portions de purée de pommes de terre selon les directives paraissant sur la boîte. Garnir la casserole de cette purée. Hausser la plaque du four et faire chauffer à température élevée pendant 2 minutes. Garnir de fromage. Faire dorer pendant 4 à 6 minutes. Donne 6 portions.

RAGOÛT DE BOULETTES

24 boulettes de viande (cf. p. 139)
 1 boîte de bouillon de boeuf concentré (350 mL)
350 mL d'eau chaude
 3 pommes de terre de grosseur moyenne,
    pelées, coupées en quartiers
 6 carottes de grosseur moyenne, pelées,
    coupées en quartiers, puis en 2
 1 oignon de grosseur moyenne, tranché
 1 sac de pois surgelés (300 g)
 80 mL de farine
160 mL d'eau froide
    sel et poivre

Mettre les boulettes de viande dans une casserole contenant 4 L et les faire cuire à température élevée pendant 5 minutes; remuer à une reprise. Y verser le concentré de bouillon et l'eau chaude; ajouter les pommes de terre, les carottes et l'oignon. Couvrir et faire cuire à température élevée pendant 15 à 20 minutes, jusqu'à ce que les légumes aient amolli. Enlever les boulettes et les légumes à l'aide d'une cuiller percée, et les disposer sur un plat de service. Pratiquer quelques incisions dans le sac de pois et les faire décongeler à température élevée pendant 4 minutes. Déposer les pois dans le plat de service. Incorporer la farine au jus de cuisson qui reste dans la casserole. Verser de l'eau froide, saler et poivrer. Faire chauffer à température élevée pendant 5 minutes ou jusqu'à épaississement, en prenant soin de remuer souvent. Napper les boulettes et les légumes de sauce. Donne 6 portions.

PIZZA-BURGERS

 1 kg de boeuf haché maigre
125 mL de mozzarella râpée
 60 mL d'olives hachées
 2 cuillerées à soupe de parmesan râpé

 1 cuillerée à thé d'oignon haché déshydraté
 ½ cuillerée à thé de sel
 1 boîte de sauce à pizza (250 g)
 ⅓ cuillerée à thé d'origan
 ½ cuillerée à thé de sel d'ail

Façonner 4 gros pâtés de viande de 15 cm de diamètre.
Mélanger la mozzarella, les olives, le parmesan, l'oignon et
le sel. Poser le ¼ de cette préparation au centre de chaque
pâté de viande, replier les pâtés sur eux-mêmes et presser
les pourtours afin de les sceller. Les mettre sur une clayette
métallique posée dans un plat mesurant 20 cm par 30 cm.
Faire cuire à température élevée pendant 4 minutes; faire
pivoter la plaque tournante et continuer la cuisson pendant
2 autres minutes. Réarranger les pâtés de viande sur la
clayette et faire cuire pendant 2 à 4 minutes, selon le degré
de cuisson voulu. Dans un bocal gradué contenant 500 mL,
mélanger la sauce à pizza, l'origan et le sel d'ail. Faire
chauffer à température élevée pendant 3 minutes. Servir
avec les pâtés de viande. Donne 4 portions généreuses.

ENCHILADAS AU BOEUF ET AU FROMAGE

500 g de boeuf haché maigre
250 mL de Monterey Jack ou de cheddar râpé
 1 boîte d'olives noires tranchées (75 g)
 1 boîte de concentré de tomates (180 g)
 1 sachet de préparation à sauce enchilada
   (60 g)
750 mL d'eau chaude
 8 tortillas de maïs
375 mL de Monterey Jack ou de cheddar râpé

Mettre le boeuf haché dans une casserole contenant 2 L et
le défaire à l'aide d'une fourchette. Faire cuire à température élevée pendant 4 minutes; remuer à 2 reprises.
Enlever l'excédent de gras. Ajouter 250 mL de fromage
râpé et les olives. Dans une casserole contenant 2,5 L,
mélanger le concentré de tomates et la préparation à sauce
enchilada. Incorporer l'eau chaude, couvrir et faire chauf-

fer à température élevée pendant 8 minutes. Verser 250 mL de sauce enchilada dans un plat mesurant 20 cm par 30 cm. Faire tremper chaque tortilla dans la sauce chaude qui reste. Farcir chaque tortilla de préparation à la viande, replier la galette à la manière d'un rouleau et disposer dans le plat, le joint sur le dessous. Verser la sauce qui reste sur les rouleaux, garnir de 375 mL de fromage râpé. Couvrir d'une pellicule de cellophane et faire chauffer à température élevée pendant 3 minutes. Faire pivoter la plaque tournante et poursuivre la cuisson pendant 3 autres minutes. Donne 8 enchiladas.

LES LÉGUMES

MAÏS AU GRATIN

     2 boîtes de grains de maïs, égouttés (360 g)
     1 boîte de lait condensé non sucré (180 g)
     1 oeuf fouetté
     1 cuillerée à soupe d'oignon haché
     1 cuillerée à soupe de piment coupé en dés
   125 mL de Monterey Jack ou de cheddar râpé
     ½ cuillerée à thé de sel
     1 cuillerée à soupe de beurre
   125 mL de chapelure
    60 mL de Monterey Jack ou de cheddar

Mélanger le maïs, le lait, l'oeuf, l'oignon, le piment, 125 mL de fromage râpé et le sel dans un plat mesurant 20 cm par 30 cm. Mettre le beurre dans un bocal gradué contenant 250 mL et le faire fondre à température élevée pendant 35 secondes. Ajouter en remuant la chapelure et 60 mL de fromage. Mettre de côté. Couvrir la casserole d'une feuille de papier ciré. Hausser la plaque et faire cuire à température élevée pendant 3 minutes. Faire pivoter la plaque tournante et faire cuire pendant 2 autres minutes.

Saupoudrer de chapelure et faire chauffer pendant 1 minute. Enlever le papier ciré. Faire dorer pendant 5 minutes. Donne 6 portions.

BETTERAVES À LA HARVARD

   2 cuillerées à soupe de beurre ou de margarine
 60 mL de sucre
   1 cuillerée à soupe de fécule de maïs
 ¼ cuillerée à thé de sel
 60 mL de vinaigre
 60 mL de jus de betteraves (en conserve)
500 mL de betteraves coupées en tranches, en
     dés ou en lanières, égouttées

Mettre le beurre (ou la margarine) dans une casserole contenant 2 L et le faire fondre à température élevée pendant 1 minute. Mélanger le sucre et la fécule de maïs. Ajouter le sel. Incorporer au beurre fondu jusqu'à obtention d'un mélange homogène. Verser le vinaigre et le jus de betteraves. Faire cuire à température élevée pendant 2 ou 3 minutes, jusqu'à ce que le liquide soit clair. Ajouter les morceaux de betteraves égouttés. Couvrir et faire cuire à température élevée pendant 4 minutes. Donne 4 portions.

BETTERAVES MARINÉES ET OEUFS DURS, FAÇON BISTROT

   5 betteraves fraîches
125 mL d'eau
125 mL de vinaigre
125 mL d'eau froide
 60 mL de sucre brut, bien tassé
 ½ cuillerée à thé de sel
   1 bâtonnet de cannelle
   3 clous de girofle
   6 oeufs durs

Laver les betteraves et trancher les queues. Déposer les betteraves dans une casserole contenant 2 L et ajouter l'eau. Couvrir et faire cuire à température élevée pendant 12 minutes. Laisser reposer sans découvrir pendant que l'on prépare la sauce. Mettre le vinaigre et l'eau froide dans un bocal gradué contenant 500 mL. Ajouter le sucre brut, le sel, la cannelle et les clous de girofle. Égoutter les betteraves et enlever la pelure. Verser la sauce sur les betteraves, couvrir et faire cuire à température élevée pendant 8 minutes. Laisser reposer pendant plusieurs jours. Enlever les betteraves de leur sauce, y ajouter les oeufs durs, couvrir et laisser mariner les oeufs pendant 2 jours avant de servir. Fait 5 betteraves et 6 oeufs marinés.

ASPERGES EN VINAIGRETTE

500 g de pointes d'asperges fraîches
 60 mL d'eau

Sauce
    jus de cuisson des asperges allongé d'eau
        de manière à obtenir 125 mL de liquide
 60 mL de vinaigre de cidre
  2 cuillerées à thé de persil haché
  2 cuillerées à thé de ciboulette
  2 cuillerées à thé de piment
  2 cuillerées à thé de câpres
  1 cuillerée à thé de sel
  ½ cuillerée à thé de moutarde en poudre
  ⅛ cuillerée à thé de poivre

Couper la base des tiges d'asperges. On peut peler les asperges à l'aide d'un couteau-éplucheur. Poser les asperges dans un plat rectangulaire en alternant la direction des pointes. Verser 60 mL d'eau, couvrir d'une pellicule en cellophane et faire cuire à température élevée pendant 4 minutes. Réarranger les pointes de sorte qu'elles soient en sens contraire. Faire cuire à température élevée pendant 3 minutes. Égoutter et réserver le liquide en prévision de la sauce. Préparer la sauce et verser sur les pointes d'asperges. Réfrigérer pendant 12 heures, voire toute une nuit. Au moment de servir, égoutter en conservant le persil, la ciboulette, les câpres et le piment pour garnir les plats. Donne 4 portions.

Sauce: Mettre tous les ingrédients dans un bocal en verre, visser le couvercle et agiter. Donne environ 180 mL.

Variation: Remplacer les asperges fraîches par des asperges surgelées (300 g).

HARICOTS VERTS SUPRÊMES

  2 cuillerées à soupe de beurre ou de margarine
  2 cuillerées à soupe de farine
  1 cuillerée à soupe d'oignon haché déshydraté
 ¼ cuillerée à thé de sel
 ½ cuillerée à thé de zeste de citron
 ¼ cuillerée à thé de poivre
 60 mL d'eau
250 mL de crème sure à température ambiante
  2 boîtes de haricots verts, égouttés (500 g)
  2 cuillerées à soupe de beurre ou de margarine
125 mL de chapelure
 60 mL de cheddar râpé

Faire fondre 2 cuillerées à soupe de beurre (ou de margarine) dans un bocal gradué contenant 1 L à température élevée pendant 30 secondes. Incorporer la farine, l'oignon, le sel, le zeste de citron et le poivre. Faire chauffer à température élevée pendant 1 minute. Ajouter en remuant l'eau, puis la crème sure. Ajouter les haricots et les verser dans une casserole contenant 2 L. Mettre 2 cuillerées à soupe de beurre (ou de margarine) dans un bocal gradué contenant 500 mL et les faire fondre à température élevée pendant 30 secondes. Ajouter en remuant la chapelure et le cheddar râpé. Mettre de côté. Hausser la plaque et faire cuire les haricots à température élevée pendant 5 minutes. Répandre la chapelure sur les haricots, faire chauffer à température élevée pendant 1 minute et faire dorer pendant 4 minutes. Donne 6 ou 7 portions.

TOMATES À LA MARIE

1 boîte d'épinards ou de pointes de brocoli surgelés,
    égouttés et hachés
3 grosses tomates
¼ cuillerée à thé de sel
125 mL de fromage suisse râpé
60 mL d'oignon haché

Pratiquer 2 incisions dans l'emballage de légumes surgelés et mettre au four à température élevée pendant 6 minutes. Mettre de côté. Découper les tomates en 2, les saler légèrement. Réserver 60 mL de fromage râpé. Mélanger ce qui reste de fromage aux épinards (ou aux pointes de brocoli) et à l'oignon. Disposer les moitiés de tomates dans un plat mesurant 20 cm par 30 cm. Verser la préparation aux légumes sur les demi-tomates. Hausser la plaque du four et faire cuire à température élevée pendant 4 minutes. Garnir de fromage râpé. Faire dorer pendant 5 minutes. Donne 6 portions.

BOUQUETS DE BROCOLI ET D'OIGNONS

4 oignons blancs de grosseur moyenne
500 g de brocoli
125 mL de bouillon de poulet
    sel et poivre

Peler les oignons et défaire environ 2,5 cm du coeur de chacun. Rincer le brocoli et découper ses pointes. Mettre séparément les oignons vidés de leurs coeurs et les pointes de brocoli dans une casserole. Verser le bouillon de poulet, couvrir et faire chauffer à température élevée pendant 6 minutes. Insérer les pousses de brocoli dans les coeurs des oignons. Après la cuisson, les pousses de brocoli devraient rentrer juste bien dans les oignons. Couvrir et faire cuire à température élevée pendant 3 minutes. Saler et poivrer. Donne 4 portions.

ÉPINARDS AU GRATIN

   1 boîte d'épinards surgelés, hachés (300 g)
   2 cuillerées à soupe de farine
   2 oeufs fouettés
 90 g de fromage à la crème, coupé en cubes
180 mL de fromage américain coupé en cubes
 60 mL de beurre, coupé en cubes
1½ cuillerée à thé d'oignon haché déshydraté
 ½ cuillerée à thé de sel
125 mL de fine chapelure
 60 mL de beurre
 80 mL de parmesan râpé

Mettre les épinards dans un plat couvert contenant 1,5 L et les faire cuire à température élevée pendant 6 minutes, en prenant soin de remuer à une reprise au mitan de la cuisson. Égoutter. Ajouter en tournant la farine, puis les oeufs, les fromages, le beurre, l'oignon et le sel. Bien remuer. Faire cuire à température élevée pendant 9 à 11 minutes; remuer à 2 reprises. Sortir le plat du four. Verser la chapelure dans un bocal gradué contenant 250 mL; ajouter 60 mL de beurre et le faire fondre à température élevée pendant 1 minute. Remuer de sorte que la chapelure soit enduite de beurre. Verser sur la préparation aux épinards, garnir de parmesan râpé, hausser la plaque du four et faire dorer. Donne 4 portions.

CHOU À LA CRÈME

60 mL de beurre
½ chou râpé (environ 1 L)
60 mL de crème allégée
¼ cuillerée à thé de sel
¼ cuillerée à thé de sel épicé
⅛ cuillerée à thé de poivre

Mettre le beurre dans une casserole contenant 2 L et le faire fondre à température élevée pendant 40 secondes.

Ajouter le chou râpé en remuant pour l'enduire de beurre. Couvrir et faire cuire à température élevée pendant 2 minutes. Ajouter la crème en remuant, couvrir et faire cuire à température élevée pendant 3 minutes, en remuant à une reprise. Saupoudrer le sel, le sel épicé et le poivre. Laisser reposer pendant plusieurs minutes avant de servir. Donne 4 portions.

POMMES DE TERRE EN ESCALOPES

750 mL à 900 mL de pommes de terre pelées,
      bouillies et tranchées
180 mL de fromage suisse râpé
125 mL de lait
  2 cuillerées à soupe de beurre ou de margarine
  ½ cuillerée à thé de sel d'oignon
  ¼ cuillerée à thé de poivre

Beurrer le fond d'une casserole contenant 2 L. Disposer la moitié des tranches de pommes de terre dans la casserole; y étager la moitié de la quantité de fromage, puis le reste des pommes de terre. Mettre le lait, le beurre (ou la margarine) et l'assaisonnement dans un bocal gradué contenant 500 mL et faire chauffer à température élevée pendant 2 minutes. Verser dans la casserole. Hausser la plaque du four, couvrir la casserole et faire cuire à température élevée pendant 10 ou 12 minutes, ou jusqu'à ce que les pommes de terre soient croustillantes en surface et tendres à l'intérieur. Garnir du fromage qui reste et faire dorer pendant 5 à 6 minutes. Donne 4 portions.

POMMES DE TERRE CITRONNÉES

60 mL de beurre fondu ou de margarine
 1 cuillerée à soupe de jus de citron frais
 3 grosses pommes de terre tranchées finement
 2 cuillerées à thé de zeste de citron
 3 cuillerées à soupe de parmesan râpé
 ½ cuillerée à thé de paprika
    quartiers de citron

Mélanger le beurre (ou la margarine) fondu et le jus de citron. Disposer les tranches de pommes de terre dans un plat mesurant 20 cm par 30 cm. Badigeonner les pommes de terre de beurre au citron. Mélanger le zeste de citron, le fromage et le paprika. Verser sur les pommes de terre. Hausser la plaque du four, couvrir le plat d'une pellicule de cellophane et faire cuire à température élevée pendant 10 à 12 minutes. Découvrir et faire dorer pendant 5 ou 6 minutes. Servir accompagné de quartiers de citron. Donne 4 portions.

PATATES DOUCES GLACÉES À L'ORANGE

 3 grosses patates douces, cuites ou 1 boîte de
       patates douces égouttées (875 g)
80 mL de sucre brut bien tassé
 1 cuillerée à soupe de fécule de maïs
80 mL de jus d'orange
 ½ cuillerée à thé de zeste d'orange
 ¼ cuillerée à thé de sel
 2 cuillerées à soupe de beurre ou de margarine

Peler les patates et les découper en 2; les découper en quartiers si elles sont grosses. Mélanger dans un bocal gradué contenant 1 L le sucre et la fécule de maïs. Ajouter en remuant le jus d'orange, le zeste et le sel. Faire chauffer à température élevée pendant 2 minutes et demie ou 3 minutes, en prenant soin de remuer à 2 reprises. Ajouter le beurre (ou la margarine). On peut ajouter du jus d'orange si on souhaite un glaçage moins épais. Disposer les morceaux de patates douces dans une casserole contenant 2 L, verser le glaçage et faire cuire à température élevée pendant 5 ou 6 minutes. Donne 4 ou 5 portions.

Variations: On peut remplacer les patates douces par des ignames. On peut aussi garnir ce plat de guimauve fondue. Pour ce faire, il suffit de hausser la plaque du four, de mettre la guimauve après la cuisson des légumineuses et de faire chauffer à température élevée pendant 1 minute. Faire dorer pendant 3 à 5 minutes en faisant pivoter la plaque tournant d'un demi-tour.

POMMES DE TERRE AU GRATIN

      4 pommes de terre de grosseur moyenne
     60 mL de beurre ou de margarine
     60 mL de farine
    500 mL de lait
      ½ cuillerée à thé de sel épicé
      ⅛ cuillerée à thé de poivre
    250 mL de cheddar râpé
      1 oignon finement tranché
    125 mL de parmesan râpé
         paprika

Laver les pommes de terre, les assécher et les couper en 2
sur le sens de la longueur. Les mettre à plat dans un sac en
plastique et les faire cuire à température élevée pendant 10
minutes, sans fermer le sac. Les éplucher et les découper
en tranches. Mettre le beurre (ou la margarine) dans un
bocal gradué contenant 1 L et le faire fondre à température
élevée pendant 40 secondes. Incorporer la farine, puis le
lait, le sel épicé et le poivre. Faire chauffer à température
élevée pendant 3 minutes et demie, jusqu'à épaississement,
en prenant soin de remuer à 2 reprises. Ajouter en tournant
le cheddar râpé. Mettre les tranches de pommes de terre et
les oignons dans un plat mesurant 20 cm par 30 cm. Verser
la sauce, remuer et couvrir d'une feuille de papier ciré.
Hausser la plaque du four et faire cuire à température
élevée pendant 6 minutes. La durée exacte de la cuisson
dépend de l'épaisseur des tranches de pommes de terre.
Garnir de parmesan râpé et saupoudrer de paprika. Faire
dorer pendant 5 minutes. Donne 4 portions.

TOMATES AU PARMESAN

    2 tomates de grosseur moyenne
    2 cuillerées à soupe de parmesan râpé
    2 cuillerées à soupe de fine chapelure
    1 cuillerée à soupe de beurre fondu ou de margarine

1 cuillerée à thé de ciboulette hachée
⅛ cuillerée à thé de paprika
   soupçon de poivre de Cayenne

Couper les tomates en 2 et les mettre dans une casserole contenant 2 L. Mélanger les autres ingrédients et garnir les tomates de cette préparation. Hausser la plaque du four et faire cuire à température élevée pendant 1 minute et demie ou 2 minutes. Faire dorer pendant 4 ou 5 minutes. Donne 4 portions.

CAROTTES GLACÉES

  6 carottes pelées, coupées en diagonale
  2 cuillerées à soupe d'eau
  2 cuillerées à soupe de beurre ou de margarine
60 mL de sucre brut bien tassé
 ¼ cuillerée à thé de sel
  1 cuillerée à thé de moutarde préparée

Mettre les carottes et l'eau dans une casserole contenant 2 L, et faire cuire à température élevée pendant 9 ou 10 minutes, en prenant soin de remuer à 2 reprises. Égoutter, couvrir et mettre de côté. Faire fondre le beurre (ou la margarine) dans un bocal gradué contenant 250 mL à température élevée pendant 30 secondes. Ajouter en remuant le sucre brut, le sel et la moutarde. Verser sur les carottes égouttées. Couvrir et faire chauffer à température élevée pendant 2 minutes. Donne 4 portions.

COURGETTES FARCIES

   4 courgettes de grosseur moyenne
   2 cuillerées à soupe d'eau
   1 emballage de préparation à farce pour le
     poulet (180 g)
430 mL d'eau
 60 mL de beurre ou de margarine

Déposer les courgettes complètes et 2 cuillerées à soupe d'eau dans un plat mesurant 20 cm par 30 cm. Couvrir d'une feuille de papier ciré. Faire cuire à température élevée pendant 10 ou 12 minutes, en faisant pivoter la plaque tournante d'un demi-tour au mitan de la cuisson. Laisser refroidir quelque peu. Découper les courgettes en 2 sur le sens de la longueur; les évider et mettre la chair de côté. Mélanger dans un bocal gradué contenant 1 L le sachet d'assaisonnement de préparation à farce à 430 mL d'eau et 60 mL de beurre (ou de margarine). Faire chauffer à température élevée pendant 3 ou 4 minutes; couvrir et laisser reposer pendant 5 minutes. Incorporer la chapelure et bien remuer. Ajouter la chair des courgettes. Farcir les demi-courgettes évidées, les mettre dans un plat mesurant 20 cm par 30 cm et faire chauffer à température élevée pendant 4 à 6 minutes. Donne 8 portions.

MACÉDOINE DE LÉGUMES

    2 sacs de légumes assortis surgelés (300 g)
    3 cuillerées à soupe de beurre
    2 cuillerées à soupe de farine
250 mL de crème allégée ou de lait
  1½ cuillerée à thé d'oignon haché déshydraté

Pratiquer 2 incisions sur le dessus des sacs de légumes. Mettre les sacs au four à température élevée pendant 8 minutes. Égoutter et mettre de côté. Faire fondre le beurre dans une casserole contenant 2 L à température élevée pendant 35 secondes. Incorporer la farine, puis ajouter peu à peu la crème ou le lait en remuant sans cesse. Faire chauffer à température élevée pendant 1 minute. Remuer et faire cuire 2 minutes de plus. Ajouter l'oignon déshydraté et les légumes égouttés. Donne 6 portions.

TRIO DE HARICOTS ÉPICÉS

    4 tranches de bacon
   80 mL de sucre

1 cuillerée à soupe de fécule de maïs
1 cuillerée à thé de sel
¼ cuillerée à thé de poivre
125 mL de vinaigre de vin blanc
1 oignon tranché
1 boîte de haricots verts, égouttés, en morceaux (500 g)
1 boîte de haricots jaunes, égouttés, en morceaux (500 g)
1 boîte de haricots rouges, égouttés, en morceaux (500 g)
1 oeuf dur, tranché

Disposer les tranches de bacon sur une clayette métallique posée dans un plat mesurant 20 cm par 30 cm. Couvrir d'un essuie-tout et faire cuire à température élevée pendant 4 minutes. Mettre le bacon de côté; il deviendra croustillant pendant ce temps. Enlever la clayette et ajouter au jus de cuisson le sucre, la fécule de maïs, le sel, le poivre, le vinaigre et l'oignon. Faire cuire à température élevée pendant 4 ou 5 minutes, ou jusqu'à épaississement, en prenant soin de remuer à plusieurs reprises. Ajouter les morceaux de haricots et remuer à une reprise. Émietter les tranches de bacon et en garnir le plat. Décorer avec les tranches d'oeuf dur. Donne 8 ou 9 portions.

FÈVES AU LARD MINUTE

4 tranches de bacon coupées en dés
125 mL d'oignon haché
1 boîte de fèves au lard en conserve (840 g)
2 cuillerées à soupe de sucre brut
1 cuillerée à soupe de sauce Worcestershire
1 cuillerée à thé de moutarde préparée

Mettre les tranches de bacon et l'oignon dans une casserole contenant 2 L et faire cuire à température élevée pendant 5 minutes. Enlever l'excédent de gras et ajouter les autres ingrédients. Couvrir et faire cuire à température élevée pendant 8 à 10 minutes, en prenant soin de remuer à 2 reprises. Donne 5 ou 6 portions.

COURGETTES À L'ITALIENNE

    3 cuillerées à soupe de beurre ou de margarine
    1 oignon haché
    1 gousse d'ail émincée
    1 petit poivron vert, haché
       origan à volonté
  750 g de courgettes, coupées en tranches
    4 tomates moyennes, pelées et hachées
    ½ cuillerée à thé de sel
  250 mL de parmesan râpé

Mettre le beurre (ou la margarine) dans un plat mesurant
20 cm par 30 cm et faire cuire l'oignon, l'ail, le poivron vert
et l'origan à température élevée pendant 4 minutes.
Ajouter en remuant les courgettes, les tomates et le sel.
Couvrir, hausser la plaque du four et faire cuire à température élevée pendant 8 minutes. Remuer et vérifier le
degré de cuisson. Prolonger la cuisson de 2 minutes, s'il y
a lieu. Découvrir et saupoudrer de parmesan râpé. Faire
dorer pendant 4 ou 5 minutes. Donne 6 portions.

COURGES GLACÉES

    2 courges
  125 mL de miel
    1 cuillerée à soupe de jus de citron
    ¼ cuillerée à thé de muscade moulue
    ¼ cuillerée à thé de zeste de citron

Percer les courges en maints endroits et les poser sur un essuie-tout. Faire cuire à température élevée pendant 8 ou 10
minutes, de sorte qu'elles amollissent. Laisser reposer pendant 5 minutes. Couper les courges de biais en tranches de
2,5 cm d'épaisseur. Les épépiner et mélanger les autres ingrédients. Mettre les tranches de courges dans un plat
mesurant 20 cm par 30 cm et les napper de sauce. Couvrir
et faire cuire à température élevée pendant 4 à 6 minutes
pour qu'elles soient bien chaudes. Donne 4 portions.

Variation: On peut trancher les courges sur le sens de la longueur ou à la diagonale.

GRATIN DE COURGETTES ET DE CHAMPIGNONS

    4 courgettes de grosseur moyenne, coupées
         en tranches de 2,5 cm
    2 cuillerées à soupe d'eau
   ½ cuillerée à thé d'aneth
    1 gousse d'ail
  250 g de champignons frais, coupés en tranches
   60 mL de beurre ou de margarine
    2 cuillerées à soupe de farine
  250 mL de crème sure à température ambiante
  125 mL de croûtons aux fines herbes réduits
         en chapelure
  125 mL de cheddar râpé

Mettre les courgettes, l'eau, l'aneth et l'ail dans une casserole contenant 4 L. Couvrir et faire chauffer à température élevée pendant 5 minutes. Ajouter les champignons en remuant, couvrir et faire cuire à température élevée pendant 4 minutes. Laisser reposer sans découvrir pendant que l'on prépare la sauce. Mettre le beurre (ou la margarine) dans un plat mesurant 20 cm par 30 cm et le faire fondre à température élevée pendant 40 secondes. Incorporer la farine. Enlever l'ail de la casserole contenant les courgettes. Égoutter et réserver 2 cuillerées à soupe de liquide. Verser ce liquide à la préparation à base de farine et de beurre. Remuer et faire cuire à température élevée pendant 2 minutes. Incorporer la crème sure à la sauce. Ajouter la préparation aux courgettes et aux champignons. Couvrir d'une pellicule de cellophane. Faire chauffer à température élevée pendant 4 minutes. Saupoudrer la chapelure de croûtons et de fromage râpé. Hausser la plaque et faire dorer pendant 4 ou 5 minutes. Donne 5 ou 6 portions.

TOMATES EN ESCALOPES

3 cuillerées à soupe de beurre ou de margarine
60 mL d'oignon haché
60 mL de céleri haché
1 cuillerée à soupe de sucre
1 cuillerée à thé de sel
2 cuillerées à soupe de farine
⅛ cuillerée à thé de poivre
1 boîte de tomates en morceaux (850 g)
3 tranches de pain grillées, beurrées, coupées en cubes

Mettre le beurre (ou la margarine), l'oignon et le céleri dans une casserole contenant 2 L. Couvrir et faire cuire à température élevée pendant 3 minutes. Ajouter le sucre, le sel, la farine et le poivre. Faire cuire à température élevée pendant 1 minute. Ajouter les tomates en remuant, couvrir et remettre au four à température élevée pendant 3 minutes. Découvrir et garnir de cubes de pain grillés. Faire chauffer à température élevée pendant 2 autres minutes. Donne 4 portions.

RIZ AUX LÉGUMES

430 mL d'eau ou de bouillon
250 mL de riz à grain long
3 cuillerées à soupe de beurre ou de margarine
½ cuillerée à thé de sel
2 petites tomates, hachées, épépinées
2 oignons verts hachés
2 branches de céleri hachées
6 olives farcies, hachées

Mettre l'eau dans une casserole contenant 4 L, couvrir et faire bouillir à température élevée pendant 4 minutes et demie. Verser le riz, mettre le beurre (ou la margarine) et le sel; couvrir et faire cuire à température élevée pendant 10 ou 11 minutes. A l'aide d'une fourchette, mélanger les légumes hachés au riz cuit. Couvrir la casserole et laisser reposer pendant 10 minutes. Donne 6 portions.

SAUCE AU SHERRY

8 à 10 champignons frais, coupés en tranches
2 cuillerées à soupe d'oignon vert haché
1 cuillerée à thé de jus de citron
¼ cuillerée à thé d'estragon
¼ cuillerée à thé de poivre
   jus de cuisson d'un rôti de boeuf ou d'un steak
2 cuillerées à soupe de sherry

Ajouter les tranches de champignons, l'oignon vert, le jus de citron, l'estragon et le poivre au jus de cuisson. Faire chauffer à température élevée pendant 2 minutes, en prenant soin de remuer à une reprise. Verser la sauce chaude sur la pièce de viande. Faire chauffer le sherry dans un bocal gradué ou un pichet allant au four à micro-ondes à température élevée pendant 30 secondes. Enflammer le sherry chaud et verser sur la pièce de viande pour éblouir les invités. Il faut d'éviter d'approcher le visage du contenant enflammé pendant que l'on fait ce service.

SAUCE BÉCHAMEL

 60 mL de beurre ou de margarine
 60 mL de farine
250 mL de bouillon ou de consommé de poulet
250 mL de crème allégée
 ½ cuillerée à thé de sel
   poivre et paprika

Faire fondre le beurre (ou la margarine) dans un bocal gradué contenant 1 L à température élevée pendant 40 secondes. Incorporer la farine et faire chauffer à température élevée pendant 1 minute, en remuant une fois au mitan de la cuisson. Verser le consommé, la crème, saupoudrer le sel, le poivre et le paprika. Faire chauffer à température élevée pendant 3 minutes, en prenant soin de remuer à chaque minute. Servir pour accompagner le poulet, les fruits de mer et les légumes. Fait environ 500 mL de béchamel.

SAUCE AU CHEDDAR

2 cuillerées à soupe de beurre
2 cuillerées à soupe de farine
½ cuillerée à thé de sel
250 mL de lait
125 mL de cheddar fort râpé
sel et poivre

Faire fondre le beurre dans un bocal gradué contenant 1 L à température élevée pendant 30 secondes. Incorporer la farine et le sel; remuer et verser le lait. Faire chauffer à découvert pendant 2 minutes à température élevée, en remuant au mitan de la cuisson. Ajouter le cheddar et remuer jusqu'à obtention d'un mélange homogène. Faire chauffer sans couvrir à température élevée pendant 2 autres minutes jusqu'à obtention d'une consistance crémeuse, en remuant à 2 reprises. Saler et poivrer au goût. Verser sur des légumes chauds. Fait 260 mL de sauce.

SAUCE HOLLANDAISE

60 mL de beurre ou de margarine
1 cuillerée à soupe de jus de citron (environ
la ½ d'un citron)
2 jaunes d'oeufs fouettés
60 mL de crème allégée
½ cuillerée à thé de moutarde en poudre
¼ cuillerée à thé de sel

Faire fondre le beurre (ou la margarine) dans un bocal gradué contenant 500 mL à température élevée pendant 40 secondes. Ajouter en remuant le jus de citron, puis les jaunes d'oeufs fouettés et la crème. Faire chauffer à température élevée pendant 1 minute ou 1 minute et demie, en remuant aux 15 ou 30 secondes. Ajouter l'assaisonnement et fouetter pour que la sauce soit bien liée. Fait 250 mL de sauce.

BEURRE CLARIFIÉ

250 mL de beurre

Faire fondre le beurre lentement à faible température pendant 1 minute et demie à 2 minutes et demie, jusqu'à ce qu'il soit complètement fondu et que l'huile se sépare, sans toutefois qu'il ne bouillonne. Laisser reposer pendant quelques minutes. Écumer, verser lentement l'huile qui s'est formée sur le dessus du contenant et réserver. Voilà le beurre clarifié! Jeter le petit-lait. Fait environ 160 mL.

SAUCE BÉARNAISE

 60 mL de vin blanc sec
  2 cuillerées à soupe de vinaigre de vin blanc
  1 cuillerée à soupe d'échalote ou d'oignon vert haché
  1 cuillerée à thé d'estragon séché
  4 jaunes d'oeufs fouettés
160 mL de beurre clarifié
  ¼ cuillerée à thé de sel
    poivre blanc
    poivre de Cayenne

Mélanger le vin, le vinaigre, l'échalote ou l'oignon vert et l'estragon dans un bocal gradué contenant 500 mL. Amener au point d'ébullition à température élevée et poursuivre la cuisson jusqu'à ce que la moitié du liquide se soit évaporée, c.-à-d. pendant 4 ou 5 minutes. Filtrer le liquide à l'aide d'une passoire. Fouetter les jaunes d'oeufs dans une casserole contenant 1,5 L et y verser lentement le liquide chaud en continuant de remuer à l'aide d'un fouet en métal. Faire chauffer à faible température pendant 1 ou 2 minutes, en prenant soin de fouetter après 30 secondes, puis aux 15 secondes, jusqu'à ce que la sauce ait la consistance d'une mayonnaise. Incorporer peu à peu le beurre clarifié. Assaisonner de sel, de poivre blanc et de poivre de Cayenne. Couvrir et poser la casserole dans un bol d'eau chaude — non pas bouillante — à la manière d'un bain-marie. Fait environ 250 mL de sauce.

SAUCE BARBECUE

  1 boîte de sauce tomate (250 mL)
60 mL de vinaigre
  2 cuillerées à soupe de sucre brut
  1 cuillerée à thé de moutarde préparée
  1 cuillerée à soupe de sauce Worcestershire
  1 cuillerée à soupe d'oignon haché déshydraté
  ¼ cuillerée à thé de sel
  ⅛ cuillerée à thé d'ersatz de fumée

Mélanger tous les ingrédients dans un bocal gradué contenant 1 L. Couvrir d'une pellicule de cellophane. Faire chauffer à température élevée pendant 5 minutes et remuer au mitan de la cuisson. Laisser reposer pendant plusieurs minutes. Servir pour accompagner les côtes, le poulet, les côtelettes et les hamburgers. Fait 300 mL.

SAUCE CRÉOLE

125 mL d'oignon haché
 60 mL d'oignon vert haché
 60 mL de céleri haché
  2 cuillerées à soupe de beurre
  1 tomate fraîche, pelée et hachée
  1 boîte de sauce tomate (250 g)
  1 boîte de champignons et leur jus (240 g)
  ¼ cuillerée à thé de sel
  ⅛ cuillerée à thé de poudre d'ail

Mélanger l'oignon, le poivron, le céleri et le beurre dans un bol contenant 2 L. Couvrir et faire chauffer à température élevée pendant 4 minutes. Ajouter les autres ingrédients en remuant, couvrir et faire chauffer à température élevée pendant 5 minutes. Servir pour accompagner le poisson et les légumes. Fait 625 mL de sauce.

SAUCE AUX FRUITS À LA FRESNO

125 mL de raisins
125 mL d'eau
 60 mL de gelée de groseilles
125 mL de jus d'orange
 60 mL de sucre brut bien tassé
 1 cuillerée à soupe de fécule de maïs
 ⅛ cuillerée à thé de quatre-épices

Mélanger les raisins, l'eau, la gelée de groseilles et le jus d'orange dans un bocal gradué contenant 1 L. Faire chauffer à température élevée pendant 3 minutes ou jusqu'à ce que fonde la gelée, en remuant au mitan de la cuisson. Mélanger le sucre, la fécule de maïs et la quatre-épices. Incorporer à la préparation aux raisins. Faire cuire à température élevée pendant 1 minute et demie, en remuant aux 30 secondes. Servir pour accompagner le jambon, les côtelettes de porc et le canard. Fait 375 mL de sauce.

SAUCE AIGRE-DOUCE

125 mL de sucre
 3 cuillerées à soupe de fécule de maïs
250 mL de bouillon de poulet
125 mL de vinaigre
125 mL de jus d'ananas
 2 cuillerées à thé de sauce soya
125 mL de morceaux d'ananas
 ½ poivron vert grossièrement haché

Mélanger le sucre et la fécule de maïs dans un bocal gradué contenant 1 L. Ajouter les liquides en remuant. Faire chauffer à température élevée pendant 8 minutes et remuer à une ou 2 reprises. Ajouter les morceaux d'ananas et de poivron vert. Servir pour accompagner les boulettes de viande. Fait environ 750 mL.

SAUCE BLANCHE

125 mL de sauce crémeuse (cf. la recette ci-après)
250 mL d'eau

Mélanger la sauce crémeuse et l'eau dans un bocal gradué contenant 1 L. Faire chauffer à température élevée pendant 4 minutes en remuant souvent. Servir pour accompagner le boeuf, le poisson et les légumes. Fait 250 mL de sauce.

SAUCE CRÉMEUSE DE BASE

330 mL de lait écrémé en poudre
180 mL de farine
  1 cuillerée à thé de sel
125 mL de beurre ou de margarine

Mélanger le lait écrémé, la farine et le sel. Mettre cette préparation et le beurre (ou la margarine) dans un robot culinaire, et défaire le corps gras jusqu'à ce que se forment de petits pois. Réfrigérer dans un contenant qui ferme hermétiquement. Ces ingrédients permettent de préparer 1,5 L de sauce crémeuse.

SAUCE BORDELAISE

  3 cuillerées à soupe de beurre ou de margarine
  1 cuillerée à soupe d'oignon haché
  3 cuillerées à soupe de farine
250 mL de bouillon ou de consommé de boeuf
  2 cuillerées à soupe de vin rouge
  1 cuillerée à soupe de jus de citron
  ½ cuillerée à thé d'estragon séché
  1 cuillerée à thé de persil haché fin
  ⅛ cuillerée à thé de sauce brune

Mettre le beurre et l'oignon dans un bocal gradué contenant 1 L et faire chauffer à température élevée pendant 1 minute. Incorporer la farine et faire chauffer à température élevée pendant 1 minute, en remuant au mitan de la cuisson. Verser le consommé ou le bouillon, le vin, le jus de citron, ajouter l'estragon et le persil. Faire chauffer à température élevée pendant 3 minutes en remuant à chaque minute. Ajouter la sauce brune. Servir pour accompagner les steaks grillés au charbon de bois et les rôtis de boeuf. Fait 310 mL de sauce.

GARNITURE À LA CHAPELURE ET AU BEURRE

 60 mL de beurre ou de margarine
250 mL de miettes de pain frais ou sec
 60 mL de cheddar râpé (facultatif)

Mettre le beurre (ou la margarine) dans une assiette à tarte de 23 cm et faire chauffer à température élevée pendant 40 secondes. Ajouter en remuant les miettes de pain et le cheddar râpé, si on le souhaite. Faire chauffer à température élevée pendant 1 minute. Employer pour garnir le brocoli, les haricots verts et les tomates cuites. Donne 2 à 4 portions.

BEURRE BRUN CITRONNÉ

60 mL de beurre ou de margarine
 1 cuillerée à soupe de jus de citron
    soupçon de sauce Worcestershire

Mettre le beurre (ou la margarine) dans une assiette à tarte de 23 cm et faire dorer pendant 7 secondes après avoir haussé la plaque du four au degré supérieur. Laisser refroidir quelque peu, puis ajouter en tournant le jus de citron et la sauce Worcestershire. Servir pour accompagner les légumes et le poisson. Donne 2 à 4 portions.

SAUCE AU JUS DE VIANDE

125 mL de jus de cuisson
125 mL de farine
 1 L de liquide (consommé, jus de cuisson ou eau)
   sel et poivre
   sauce brune (facultative)

Verser le jus de cuisson dans un plat mesurant 20 cm par 30 cm ou dans une casserole contenant 1 L. Incorporer la farine et faire chauffer à température élevée pendant 1 minute en remuant au mitan de la cuisson. Verser peu à peu le liquide en remuant jusqu'à obtention d'un mélange homogène. Faire chauffer à température élevée pendant 4 ou 5 minutes, ou jusqu'à épaississement, en remuant souvent. Saler et poivrer. Ajouter un peu de sauce brune afin de foncer davantage la sauce, s'il y a lieu. Donne environ 1 L de sauce.

LES OEUFS ET LES FROMAGES

OEUFS BÉNÉDICTINE

 4 petits pains anglais ronds et plats, grillés, tranchés en 2
 4 tranches de jambon cuit
500 mL d'eau
 1 cuillerée à thé de vinaigre
 4 oeufs
   sauce hollandaise (cf. p. 208)

Disposer les moitiés de pains anglais dans un plat mesurant 20 cm par 30 cm et les garnir de tranches de jambon. Verser 1 L d'eau chaude dans une casserole contenant 2 L, couvrir et amener au point d'ébullition à température élevée. Percer les jaunes d'oeufs à l'aide d'un

cure-dents ou d'une fourchette sans toutefois les crever.
Ajouter le vinaigre à l'eau en faisant tourner à l'aide d'une
cuiller. Déposer délicatement les oeufs dans l'eau, un à la
fois. Couvrir et faire cuire à faible température pendant 2
minutes. Retirer les oeufs de la casserole à l'aide d'une
cuiller à égoutter et poser chacun des oeufs sur les petits
pains garnis de jambon. Napper généreusement de sauce
hollandaise. Faire cuire à température élevée pendant 1
minute environ. Donne 4 portions.

SOUFFLÉ AU FROMAGE

Sauce
  60 mL de farine tout usage
  ¾ cuillerée à thé de moutarde en poudre
  ¾ cuillerée à thé de sel
  ¼ cuillerée à thé de paprika
  ⅛ cuillerée à thé de poivre de Cayenne
      poivre
  1 boîte de lait condensé non sucré (390 g)
 500 mL de cheddar fort râpé

Soufflé
  6 oeufs séparés
  1 cuillerée à thé de crème de tartre

Préparation de la sauce: Mettre la farine, la moutarde en
poudre, le sel, le paprika et le poivre de Cayenne dans un
bocal gradué contenant 1 L. Verser lentement le lait condensé et lier jusqu'à obtention d'un mélange homogène.
Faire cuire à température élevée pendant 3 ou 4 minutes,
jusqu'à épaississement. Remuer après 2 minutes, puis aux
30 secondes. Ajouter le cheddar et remuer jusqu'à ce que
le fromage ait fondu. Mettre de côté.
  Préparation du soufflé: Mettre les blancs d'oeufs et la
crème de tartre dans un grand bol et fouetter à l'aide d'un
batteur à main jusqu'à ce que les blancs montent en neige.
Dans un bol de dimension moyenne, fouetter les jaunes
d'oeufs jusqu'à ce qu'ils épaississent et deviennent d'une
teinte citronnée. Incorporer peu à peu la sauce au cheddar

aux jaunes d'oeufs jusqu'à obtention d'un mélange homogène. Ensuite, incorporer délicatement cette préparation aux blancs d'oeufs montés en neige. Verser dans un moule à soufflé non graissé contenant 2 L. Faire cuire à faible température pendant 18 à 20 minutes, jusqu'à ce qu'une croûte se forme sur le dessus, en faisant tourner la plaque d'un quart de tour aux 5 minutes. Servir aussitôt. Donne 6 portions.

OEUFS BROUILLÉS

    6 oeufs
   60 mL de lait
   ¼ cuillerée à thé de sel
     soupçon de poivre
    2 cuillerées à soupe de beurre ou de margarine
   90 g de fromage à la crème, coupé en cubes d'un cm
     ciboulette hachée

Fouetter les oeufs, le lait, le sel et le poivre. Mettre le beurre (ou la margarine) dans une casserole contenant 2 L et faire fondre à température élevée pendant 30 secondes. Verser le beurre fondu sur la préparation aux oeufs. Faire cuire à faible température pendant 6 minutes, en prenant soin de remuer de temps en temps pendant les 3 dernières minutes de cuisson. Ajouter les cubes de fromage à la crème. Faire cuire à faible température pendant 45 ou 60 secondes. Garnir de ciboulette hachée. Donne 4 portions.

PUDDING AU MAÏS

    1 botte d'oignons verts hachés
   60 mL de poivron vert haché
    4 à 6 cuillerées à soupe de beurre
    3 oeufs fouettés
 1,25 L de grains de maïs égouttés
     ou les grains de 5 ou 6 épis
  180 mL de préparation à moka
    3 cuillerées à soupe de sucre

2 cuillerées à soupe de farine
½ cuillerée à thé de sel

Mettre les oignons verts, le poivron et le beurre dans une casserole contenant 2 L, couvrir et faire cuire partiellement à température élevée pendant 3 minutes. Mélanger les autres ingrédients et verser dans la préparation aux oignons verts. Remuer, couvrir et faire cuire à faible température pendant 20 minutes, en faisant pivoter la plaque tournante d'un demi-tour au mitan de la cuisson. Découvrir, hausser la plaque du four et faire dorer pendant 5 ou 6 minutes. Donne 6 à 8 portions.

LES PAINS ET LES CÉRÉALES

PAIN AUX BANANES

125 mL de beurre ou de margarine
250 mL de sucre
  2 oeufs légèrement fouettés
250 mL de purée de bananes (3 bananes de
       grosseur moyenne)
250 mL de farine blanchie
250 mL de farine de blé complet
  1 cuillerée à thé de bicarbonate de soude
 ½ cuillerée à thé de sel
 80 mL d'eau chaude
125 mL de noix hachées

Faire fondre le beurre (ou la margarine) à température élevée pendant 45 secondes. Incorporer le sucre et mélanger aux oeufs fouettés et à la purée de bananes, jusqu'à obtention d'un mélange homogène. Tamiser les 250 mL de farine blanchie; les tamiser de nouveau, cette fois avec la farine de blé complet, le bicarbonate et le sel. Ajouter les ingrédients secs à la préparation aux bananes en alternant avec l'eau. Ajouter les noix hachées. Tapisser de papier ciré le fond d'un moule à pain mesurant 15 cm par 25 cm. Verser la pâte dans le moule et faire cuire à température moyenne pendant 18 ou 19 minutes, en faisant pivoter la plaque tournante d'un quart de tour à 3 reprises. Faire dorer pendant 4 ou 5 minutes. Laisser refroidir pendant 10 minutes avant de démouler. Laisser refroidir complètement. Fait 1 pain.

PAIN À LA CITROUILLE

375 mL de sucre
375 mL de farine
  1 cuillerée à thé de sel
  1 cuillerée à thé de bicarbonate de soude
  1 cuillerée à thé de cannelle
  ½ cuillerée à thé de muscade
  ¼ cuillerée à thé de clous de girofle moulus
125 mL d'huile à salade
 80 mL d'eau
  2 oeufs
250 mL de chair de citrouille en conserve
125 mL de noix hachées
125 mL de dattes dénoyautées, hachées

Mélanger tous les ingrédients secs dans un grand bol. A l'aide d'un batteur à main, incorporer l'huile, l'eau, les oeufs et la chair de citrouille. Fouetter pendant 1 minute environ, de sorte que le mélange soit homogène. Incorporer les noix et les dattes à la pâte. Verser dans un moule en forme d'anneau graissé contenant 2,5 L dans lequel on a saupoudré de la cannelle. Faire cuire à température moyenne pendant 13 à 15 minutes, en faisant pivoter la plaque tournante à 2 reprises. Si on ne possède pas de moule en plastique, en céramique ou Bundt, il faut répartir la pâte dans 2 moules graissés contenant 1,5 L. Laisser refroidir avant de démouler. Fait 2 pains.

PAIN AUX DATTES ET AUX NOIX

180 mL d'eau
180 mL de dattes finement hachées
  2 cuillerées à soupe de matière grasse
  1 oeuf
310 mL de farine
 60 mL de sucre brut bien tassé
  ½ cuillerée à thé de bicarbonate de soude
  ½ cuillerée à thé de sel
  ½ cuillerée à thé de cannelle
  ¼ cuillerée à thé de muscade
  ½ cuillerée à thé de noix hachées

Amener l'eau au point d'ébullition et la verser sur les dattes. Remuer afin de les réduire en purée. Ajouter la matière grasse et la laisser fondre. Laisser refroidir à la température ambiante. Fouetter l'oeuf et l'ajouter à la préparation aux dattes. Tamiser les ingrédients secs et leur incorporer la préparation aux dattes. Ajouter les noix en remuant. Verser la préparation dans un moule à pain graissé mesurant 22 cm par 13 cm par 5,5 cm. Faire cuire à température moyenne pendant 7 minutes et demie ou 8 minutes et demie. Faire pivoter la plaque tournante d'un demi-tour après 4 minutes de cuisson. Le pain est cuit lorsqu'un cure-dent inséré en son centre en ressort propre. Laisser refroidir pendant 10 minutes avant de démouler et poser sur une clayette. Fait 1 pain.

PAIN DE MAÏS AU FROMAGE

  2 oeufs
250 mL de crème sure
  1 boîte de préparation à pain de maïs (250 g)
  1 boîte de grains de maïs égouttés (250 g)
  1 bocal de piments verts égouttés, coupés en dés (125 g)
250 mL de fromage Monterey Jack râpé

Graisser la paroi d'un moule en céramique en forme d'anneau mesurant 22 cm de diamètre. Fouetter les oeufs et y incorporer la crème sure. Ajouter les grains de maïs égouttés. Verser la moitié de la pâte dans le moule. Déposer sur la pâte les dés de piments et la moitié du fromage râpé. Verser l'autre moitié de pâté et garnir de fromage. Couvrir le moule d'une pellicule en plastique, hausser la plaque du four et faire cuire à température moyenne pendant 5 minutes. Faire pivoter la plaque tournante d'un tour, enlever la cellophane et poursuivre la cuisson à température moyenne pendant 4 ou 5 minutes. Faire dorer pendant 4 minutes. Donne 9 portions.

CÉRÉALES GRILLÉES

   80 mL d'amandes blanchies et hachées
  250 mL de flocons d'avoine à cuisson rapide
   80 mL de germe de blé
   80 mL de raisins
   80 mL de pommes ou d'abricots séchés, hachés
   60 mL de sucre brut bien tassé

Mélanger les morceaux d'amandes, les flocons d'avoine et le germe de blé. Mettre dans un plat mesurant 20 cm par 30 cm et faire dorer sur la plaque haussée d'un degré pendant 10 minutes, en prenant soin de remuer de temps en temps. Sortir du four et ajouter les raisins, les morceaux de pommes ou d'abricots et le sucre brut en tournant. Mettre au réfrigérateur. Servir avec du lait ou de la crème. Fait environ 625 mL.

RECETTES MINCEUR

POULET À L'ITALIENNE

  750 g de poitrines de poulet désossées, sans la
         peau, coupées en 2
   60 mL d'huile à salade

  1 gousse d'ail émincée
  1 oignon de grosseur moyenne,
      tranché fin, défait en rondelles
  1 boîte de consommé au poulet (250 g)
250 g de champignons frais, coupés en tranches

Couper les poitrines en quartiers. Enlever la peau. Chauffer à l'avance le plat à dorer à température élevée pendant 7 minutes. Y ajouter l'huile, l'ail et les morceaux de poulet. Faire cuire à température moyenne pendant 3 minutes. Tourner les morceaux de poulet et poursuivre la cuisson pendant 3 minutes de plus. Enlever les morceaux de poulet du plat et les mettre de côté. Ajouter l'oignon et le consommé au jus de cuisson. Faire cuire à température élevée pendant 3 minutes. Ajouter les morceaux de poulet et couvrir. Faire cuire à température moyenne pendant 15 minutes. Ajouter les champignons et couvrir. Faire cuire à température moyenne pendant 5 minutes. Donne 3 portions.

POULET CHASSEUR

    1 kg de poitrines de poulet
      sel épicé
250 à 375 mL de tranches de champignons
500 mL de tomates cuites
    2 petits poivrons hachés
    2 cuillerées à soupe de piment haché fin
    3 cuillerées à thé de persil séché
    1 cuillerée à thé de sel
  ¼ cuillerée à thé de thym séché
    1 gousse d'ail pressée
    1 feuille de laurier
      poivre

Déposer les morceaux de poulet dans un plat mesurant 20 cm par 30 cm. Saupoudrer d'un peu de sel épicé et y mettre les tranches de champignons. Mélanger les autres ingrédients dans un bocal gradué contenant 1 L. Faire cuire à température élevée pendant 5 minutes ou jusqu'à ce que le mélange dégage des bulles. Verser sur le poulet et les champignons. Couvrir et faire cuire à température élevée pendant 20 minutes. Donne 4 portions.

SURPRISE AU POULET

 1 kg de poitrines de poulet,
   sans la peau, coupées en 2
 1 gousse d'ail émincée
 ½ cuillerée à thé d'origan moulu
750 mL de jus de tomate

Déposer les poitrines de poulet dans une casserole contenant 2 L. Les assaisonner d'ail et d'origan. Verser le jus de tomate et couvrir. Faire cuire à température moyenne pendant 40 minutes. Réarranger les morceaux de poulet et faire cuire à température moyenne pendant 10 minutes de plus ou jusqu'à ce que le poulet soit cuit et que le jus de cuisson ait épaissi. Donne 6 portions.

SOUPE AUX BOULETTES DE VIANDE

 1 kg de boeuf ou de veau maigre haché
 1 boîte de jus de tomate (1,5 L)
 2 boîtes de sauce tomate (250 g)
 ½ cuillerée à thé d'origan
 ½ cuillerée à thé de sel
 ¼ cuillerée à thé de poivre
 2 cuillerées à soupe d'oignon haché déshydraté
 1 cuillerée à soupe de poudre d'ail
 1 cuillerée à soupe de sauce Worcestershire
500 mL de dés de carottes
500 mL de dés de céleri
250 mL de dés de courgettes
250 mL de tranches de champignons frais

Façonner des boulettes de viande de la grosseur d'une noix et les mettre dans une casserole peu profonde contenant 3 L. Faire cuire à température élevée pendant 8 minutes. Réarranger les boulettes dans le plat en usant de précautions pour qu'elles ne se défassent pas. Enlever l'excédent de gras et mettre de côté. Dans un bol contenant 4,5 L, mélanger le jus de tomate, la sauce tomate et les épices. Amener au point d'ébullition à température élevée. Ajouter les dés de carottes, de céleri et de courgettes. Couvrir et faire cuire à température élevée pendant 10 minutes, jusqu'à ce que les légumes aient amolli. Ajouter les champignons, couvrir et faire cuire à température élevée pendant 5 minutes. Ajouter les boulettes de viande, couvrir et faire chauffer à température élevée. Donne 8 portions.

CREVETTES SAUTÉES AUX FÈVES SOYA

   1 cuillerée à soupe d'huile d'olive
500 g de crevettes décortiquées, éviscérées,
        (rincées et mises à égoutter sur des
        essuie-tout)
   1 gousse d'ail émincée
   1 cuillerée à soupe de ciboulette hachée fin
  ½ cuillerée à thé de gingembre moulu
125 mL d'eau
 1½ cuillerée à soupe de bouillon de poulet déshydraté
500 g de fèves de soya germées lavées, égouttées
   2 cuillerées à soupe de sauce soya

Chauffer à l'avance le plat à dorer à température élevée pendant 5 minutes. Y ajouter rapidement l'huile, les crevettes, l'ail, la ciboulette et le gingembre. Remuer et faire cuire à température moyenne pendant 1 minute. Remuer et faire cuire pendant 1 minute de plus ou jusqu'à ce que les crevettes rosissent. Préparer le bouillon de poulet en amenant l'eau au point d'ébullition dans une casserole contenant 2 L, y verser le bouillon déshydraté et le faire chauffer à température élevée pendant 1 minute et demie. Ajouter les fèves soya égouttées, couvrir et faire cuire à température moyenne pendant 4 minutes et demie. Ajouter les fèves et la sauce soya aux crevettes. Couvrir et faire cuire à température moyenne pendant 1 minute. Donne 4 portions.

LES SUCRERIES

GÂTEAU AUX CAROTTES À L'ANCIENNE

375 mL de sucre
250 mL d'huile
  1 cuillerée à thé de vanille
  3 oeufs
375 mL de farine non tamisée
  ¾ cuillerée à thé de sel
2½ cuillerées à thé de cannelle
1¼ cuillerée à thé de bicarbonate de soude
560 mL de carottes râpées
125 mL de noix hachées
125 mL de raisins

Mélanger le sucre, l'huile et la vanille dans un bol profond. Incorporer les oeufs et bien tourner. Mélanger la farine, le sel, la cannelle et le bicarbonate de soude. Incorporer la farine à la préparation aux oeufs. Ajouter tour à tour les carottes râpées, les noix et les raisins. Verser la pâte dans un plat mesurant 20 cm par 30 cm dont le fond est graissé. Faire cuire à température élevée pendant 14 à 16 minutes, en faisant pivoter la plaque tournante d'un demi-tour aux 4 minutes. Laisser refroidir. Garnir de glace au fromage à la crème (cf. recette suivante). Fait 1 gâteau.

GLACE AU FROMAGE À LA CRÈME

250 g de sucre glace
 90 g de fromage à la crème
  3 cuillerées à soupe de beurre
  1 cuillerée à thé de vanille

Verser le sucre glace dans une casserole contenant 2 L, ajouter le fromage à la crème, le beurre et la vanille. Faire chauffer à température élevée pendant 1 minute ou jusqu'à ce que les ingrédients puissent être liés. Fouetter à l'aide d'un batteur à main jusqu'à obtention d'une consistance légère. Permet de glacer un gâteau mesurant 18 cm par 30 cm.

TARTE À LA CRÈME DE MENTHE ET DE CACAO

  60 mL de beurre
  16 à 18 biscuits au chocolat fourrés à la
        crème vanille, émiettés
  35 grosses guimauves (250 g environ)
125 mL de lait
  60 mL de crème de menthe
  60 mL de crème de cacao
250 mL crème à fouetter

Faire fondre le beurre dans une assiette à tarte de 23 cm à température élevée pendant 40 secondes. Ajouter les biscuits émiettés et remuer. Tapisser le fond et les parois de l'assiette de ce mélange afin de former une croûte. Faire cuire à température élevée pendant 1 minute et demie ou 2 minutes. Mettre de côté et laisser refroidir. Mettre les guimauves et le lait dans un bol contenant 2 L et faire chauffer à température élevée pendant 2 minutes ou 2 minutes et demie, ou jusqu'à ce que les guimauves gonflent et commencent à fondre. Bien remuer jusqu'à ce qu'elles aient fondu. Mettre à refroidir pendant plusieurs minutes. Ajouter les liqueurs en tournant; laisser refroidir jusqu'à ce que la préparation ait quelque peu épaissi. Fouetter la crème et y incorporer la guimauve fondue. Verser sur la croûte au chocolat. Réfrigérer jusqu'à ce que la préparation ait une consistance ferme. Garnir de crème fouettée et de pépites de chocolat. Donne 6 à 8 portions.

TARTE AU FROMAGE À LA CRÈME

Croûte
250 mL de biscuits de farine complète émiettés
 60 mL de beurre fondu ou de margarine

Garniture
  2 oeufs fouettés
250 g de fromage à la crème amolli
125 mL de sucre
  ⅛ cuillerée à thé de sel
  1 cuillerée à thé de vanille
  ⅛ cuillerée à thé d'essence d'amande
375 mL de crème sure
     cannelle

Préparation de la croûte: Mélanger les biscuits émiettés et le beurre (ou la margarine). Tapisser de cette préparation le fond et les parois d'une assiette à tarte mesurant 23 cm.

Garniture: Mélanger dans un bol les oeufs et le fromage à la crème, le sucre, le sel, la vanille et l'essence d'amande. Fouetter jusqu'à obtention d'une consistance homogène. Incorporer la crème sure. Faire cuire à faible température pendant 10 minutes en prenant soin de remuer aux 2 minutes. Verser sur la croûte cuite et faire cuire à faible température pendant 3 minutes. Faire pivoter la plaque tournante d'un quart de tour et poursuivre la cuisson pendant 1 à 3 minutes ou jusqu'à ce que le centre soit ferme. Mettre à refroidir pendant plusieurs heures avant de servir. Servir telle quelle, décorer de garniture aux fruits ou saupoudrer de la cannelle. Donne 6 à 8 portions.

TOURTE AUX CERISES

  1 boîte de garniture aux cerises (600 g)
180 mL de farine
  2 cuillerées à soupe de sucre
  1 cuillerée à soupe de levure chimique

⅛ cuillerée à thé de sel
3 cuillerées à soupe de beurre amolli
2 cuillerées à soupe de lait
1 oeuf légèrement fouetté

Verser la garniture aux cerises dans un plat rond, peu profond, mesurant 21 cm de diamètre. Mélanger la farine et le sucre, la levure et le sel; y mettre le beurre et le défaire à l'aide d'un couteau jusqu'à ce que le mélange forme des grumeaux. Lier le lait et l'oeuf; verser dans le mélange à base de farine en remuant à peine, simplement pour humidifier la pâte. Déposer la pâte en 5 parts sur la garniture aux cerises. Faire cuire à température moyenne pendant 6 minutes en faisant pivoter la plaque tournante à plusieurs reprises. Faire dorer pendant 4 ou 5 minutes. Donne 5 portions.

SOUFFLÉ AUX PÊCHES

500 mL d'eau chaude
  1 sachet de gélatine à l'orange (90 g)
  1 sachet de gélatine aux pêches (90 g)
  2 boîtes de pêches surgelées dans leur sirop
     (300 à 360 g)
310 mL de sirop aux pêches (allongé d'eau s'il le faut)
250 g de fromage à la crème
500 mL de crème à fouetter

Mettre 2,5 L d'eau dans une casserole et l'amener au point d'ébullition à température élevée pendant 4 ou 5 minutes. Verser les sachets de gélatine en remuant pour qu'elle se dissolve. Réfrigérer. Enlever les pêches surgelées de leurs boîtes et les mettre dans un bol en verre. Les faire décongeler à température moyenne pendant 3 ou 4 minutes ou jusqu'à ce qu'elles se défassent facilement. Remuer au mitan de la décongélation. Égoutter et réserver le sirop. Mettre quelques morceaux de pêche de côté pour la garniture et couper le reste en petits morceaux. Sortir le fromage à la crème de son emballage et le mettre dans un petit bol. Le faire amollir à faible température pendant 1 minute ou 1 minute et demie, puis fouetter à l'aide d'un batteur à main et y verser graduellement le sirop. Incorporer cette préparation à la gélatine et réfrigérer pendant 2 heures. Monter la crème fouettée (500 mL de crème feront 1 L de crème fouettée) et en réserver la moitié. Mélanger les morceaux de pêche et la moitié de la crème fouettée à la gélatine. Verser dans 6 plats à soufflé dont le collet fait 1 cm ou dans un plat à soufflé contenant 1,5 L dont le collet fait 5 cm. Garnir avec les tranches de pêche et la crème fouettée que l'on a réservées. Donne 6 portions.

POMMES À LA CASSONADE

4 pommes de grosseur moyenne
4 cuillerées à soupe de cassonade
2 cuillerées à soupe de beurre
 cannelle ou muscade

Vider les pommes de leurs coeurs et enlever un peu de pelure sur le dessus de chacune. Mettre les pommes dans un moule à gâteau mesurant 20 cm de diamètre. Déposer 1 cuillerée à soupe de cassonade au centre de chacune, ajouter ½ cuillerée à thé de beurre et un soupçon de cannelle ou de muscade. Faire cuire à faible température pendant 5 minutes; faire pivoter la plaque tournante et poursuivre la cuisson à température moyenne pendant 5 minutes. Disposer les pommes dans un plat de service et verser au centre de chacune le sirop de cuisson. Laisser refroidir avant de servir. Donne 4 portions.

BROWNIES

160 mL de beurre ou de margarine
250 mL de sucre
 2 oeufs légèrement fouettés
 1 cuillerée à thé de vanille
250 mL de farine tout usage tamisée
 60 mL de cacao en poudre
 60 mL de cacao instantané
 ½ cuillerée à thé de levure chimique
125 mL de noix hachées

Mettre le beurre (ou la margarine) dans un bol et faire chauffer à température élevée pendant 1 minute. Ajouter le sucre et laisser refroidir. Ajouter les oeufs et la vanille. Tamiser la farine, la poudre de cacao, le cacao instantané et la levure, et les ajouter à la préparation à base de sucre en remuant. Incorporer les noix. Verser dans une assiette à tarte en verre légèrement graissée (23 cm de diamètre). Faire cuire à température élevée pendant 4 minutes et demie ou 5 minutes et demie, en faisant pivoter la plaque tournante à 3 reprises. Laisser refroidir avant de couper. Fait une douzaine.

PÊCHES BRÛLÉES

  2 pêches fraîches, pelées et coupées en 2 ou
      4 pêches en conserve égouttées
180 mL de crème sure
  1 cuillerée à soupe de sucre semoule
  ¼ cuillerée à thé de zeste de citron
180 mL de sucre brut bien tassé

Poser les moitiés de pêche à plat dans 4 moules à flan. Faire cuire à température élevée pendant 1 minute. Mélanger la crème sure, le sucre semoule et le zeste de citron. Napper les pêches de cette garniture. Au moment de servir, garnir de sucre brut. Hausser la plaque du four et faire dorer pendant 3 minutes ou 3 minutes et demie, ou jusqu'à ce que le dessus soit doré et que le sucre commence à fondre. Servir immédiatement. Donne 4 portions.

PÊCHE MELBA

  1 boîte de framboises surgelées
125 mL de gelée de groseilles
  2 cuillerées à soupe de fécule de maïs
  2 cuillerées à soupe d'eau
  6 moitiés de pêches en conserve
      crème glacée à la vanille

Déposer les framboises dans un bol en verre contenant 1,5 L. Faire décongeler à température moyenne pendant 3 minutes. Réduire les framboises en purée à l'aide d'une cuiller. Passer au tamis afin d'enlever les pépins. Ajouter la gelée de groseilles et amener au point d'ébullition. Délayer la fécule dans l'eau, verser sur la purée de framboises et faire cuire à température élevée jusqu'à épaississement, en remuant souvent à l'aide d'un fouet. Mettre à refroidir. Déposer les moitiés de pêches au fond des coupes à sorbet, déposer une boule de crème glacée à la vanille en leurs centres et napper de coulis de framboises et groseilles. Donne 6 portions.

MIGNARDISES À LA MENTHE

750 mL de sucre semoule
125 mL de sirop de maïs allégé
160 mL d'eau
 ¼ cuillerée à thé de sel
 2 blancs d'oeufs
 ¼ cuillerée à thé de vanille
250 mL de noix hachées

Mettre le sucre, le sirop de maïs et l'eau dans un bol contenant 3 L et faire cuire à température élevée pendant 12 ou 13 minutes, jusqu'à ce qu'on puisse étirer un mince fil de la préparation chaude. Ajouter le sel aux blancs d'oeufs et fouetter à haute vitesse jusqu'à ce qu'ils se tiennent bien. Verser délicatement le sirop en un filet sur les blancs d'oeufs en fouettant sans arrêt, jusqu'à épaississement. Incorporer la vanille et ajouter les noix. Déposer le mélange par cuillerée sur du papier ciré. Fait environ 30 bonbons.

FONDANT AU CHOCOLAT MI-AMER

  1 kg de sucre
  1 boîte de lait condensé non sucré (420 g)
250 mL de beurre ou de margarine
  1 boîte de chocolat mi-amer (360 g)
  1 pot de crème de guimauve (210 g)
  1 cuillerée à thé de vanille
250 mL de noix hachées

Mélanger le sucre, le lait et le beurre (ou la margarine)
dans un bol contenant 1 L. Faire cuire à température
élevée pendant 18 à 20 minutes, en remuant souvent,
jusqu'à obtention d'une consistance molle. Surveiller de
près la cuisson pour éviter un débordement. Incorporer les
morceaux de chocolat et la crème de guimauve et remuer
jusqu'à obtention d'un mélange homogène. Ajouter la
vanille et les noix. Verser la préparation dans un moule
beurré mesurant 23 cm², de sorte que les morceaux soient
bien épais. Si l'on souhaite que les morceaux soient moins
épais, il suffit d'utiliser un moule mesurant 20 cm par 30
cm. Laisser refroidir et couper en carrés. Fait environ 20
morceaux.

INDEX DES RECETTES